死刑賛成弁護士

犯罪被害者支援弁護士フォーラム

文春新書

1274

死刑賛成弁護士　目次

第2章　死刑反対派と世間のギャップ

第3章　世界の死刑廃止と現場射殺

第4章　死刑か無期懲役か――卑劣漢たちの事件簿

第5章　被害者遺族からの手紙

序章　命は大事。だから死刑

命の大事さを一番知っているのは遺族

上谷さくら

犯罪被害者支援がライフワーク

「弁護士はみんな、死刑制度に反対している」

このように考えている人は多いのではないでしょうか。

実際、日本弁護士連合会（日弁連）は、会をあげて死刑制度廃止運動を行っていますし、日弁連会長は死刑が執行される度に、それに抗議する声明を出しています。ですから、そう捉えられるのも仕方ないのかもしれません。

しかし、私たちは「死刑制度に賛成する弁護士」です。私たちは凶悪な事件に遭われた被害者のご遺族に向き合うなかで、その必要性を実感しています。

ではなぜ、「弁護士だから死刑制度に反対している」という誤解が生まれるのでしょうか。

あまり知られていませんが、弁護士は法律上、日弁連に会員登録しないと活動することができません。つまり、弁護士は全員、日弁連の会員なのです。そのため、弁護士個人としては死刑に賛成であるけれども、所属している日弁連という組織は死刑に反対しているというねじれが生じます。そして、冒頭でも述べたように、日弁連が声高に死刑反対を唱えているので、そういったイメージが出来上がってしまうのです。

私たちが日弁連に登録する弁護士でありながら、日弁連の意に反し、死刑制度に賛成するのは、犯罪被害者の支援をライフワークとしているからです。これまでに多くの被害者やそのご遺族の置かれた惨状を目の当たりにするとともに、死刑判決を受けるような加害者の擁護しようのない現実を知り、死刑制度の必要性を痛感してきました。

そこで私たちは、犯罪被害者支援弁護士フォーラム（VSフォーラム）という弁護士有志の団体を作り、活動しています（https://www.vs-forum.jp/）。「VS」というのは、「victim　support」の略で、「victim」は犯罪などの被害者、「support」は支えを意味します。

VSフォーラム自体は2010年に、犯罪被害者の権利の拡充、被害者のための制度の実践、研究、改善策の提言などを目的として結成されたのですが、その前から、VSフォーラムのメンバーは多くの死刑相当事件の被害者支援を行ってきました。

たとえば、数々の事件を引き起こしたオウム真理教事件、大阪教育大学附属池田小学校で小学生ら23名が死傷した事件、インターネット上の「闇の職業安定所」で知り合った男3名が通りすがりの女性を拉致して殺害した闇サイト殺人事件などがあります。

結成後も、強盗罪などを犯して刑務所に服役し、出所してわずか1カ月半の男が千葉大学の女子学生を放火のうえ殺害した事件、埼玉県熊谷市でペルー人が無差別に6名を殺害した事件、神奈川県相模原市の障害者施設で19名が殺害され26名が重軽傷を負った事件、新潟県新潟市で帰宅途中の小学生が殺害され遺体が線路に遺棄された事件などの被害者支援を積極的に行っています。

被害者は単なる「証拠品」

実は、私たちのように被害者側の代理人をする弁護士はごく少数です。日弁連の中にあっては、「絶滅危惧種」と言っても過言ではありません。

本来、理不尽な目に遭った被害者を救うのが「正義の味方」ではないか、と多くの国民が感じているはずですが、それとは反対にほとんどの弁護士は加害者の味方です。その理由は、現在の憲法や刑法、刑事訴訟法などの成り立ちと関わりがあります。

憲法は、国のあり方や国民の権利と義務などを定めた最高法規です。現在の日本国憲法の条文は全部で１０３条ありますが、そのなかには、「弁護人依頼権」「黙秘権」などの加害者の権利がたくさん定められています。これは、戦前の明治憲法下で、自白を得る目的で拷問が行われ、冤罪が生じたことなどが根拠となっています。

しかし、憲法には「被害者」という言葉は一度も出てきません。つまり、被害者は憲法上の権利が保障されていないのです。それどころか、被害者はつい最近まで全く権利を持たない、単なる「証拠品」として扱われ、取り調べの対象でしかありませんでした。

しかも、１９９０年2月20日に出された最高裁判決は、「刑事司法は、公の秩序維持のために行われるものであり、犯罪被害者の受ける利益は反射的な利益に過ぎず、法律上保護される利益は認められない」と判示しました。「法律上保護される利益はない」と言って、被害者を刑事司法手続から完全に排除してしまったのです。

このように加害者の権利ばかりが優遇され、被害者とその遺族はないがしろにされてきた現実がありました。そんななか、犯罪被害者の団体である「あすの会」の精力的な活動により、２００４年に犯罪被害者等基本法が成立。第3条に、「すべて犯罪被害者等は、個人の尊厳が重んぜられ、その尊厳にふさわしい処遇を保障される権利を有する」と定められ、ようやく被害者の権利主体が明確に認められることになりました。しかし、被害者には未だに憲法上の権利はありません。そして、法律上の権利が認められて日が浅いこともあり、被害者の権利は様々な面で不十分であることには変わりがありません。

こうした経緯から、日弁連の体制も未来の弁護士を育てる司法修習生の授業も、加害者の権利を守ることに重点が置かれています。

たとえば、司法試験では、被疑者・被告人の権利に関する問題はたくさん出題されますが、被害者の権利についてはほとんど問われません。出題されたとしても配点が低いので、間違えても合否に影響しない程度です。

また、司法試験に合格すると、司法修習生という国家公務員に準じた身分を取得し、司法研修所という学校のようなところに通い、国から給料をもらいながら勉強を続けます。司法研修所の卒業試験に合格してようやく弁護士を名乗ることができるのですが、ここでも被告人の側に立って刑事事件の弁護をしなければならないという刷り込みを受けるのです。研修所では、履修する5科目のうち「刑事弁護」という科目があり、その名の通り刑事事件の弁護について勉強します。弁護士と一緒に身柄拘束された加害者に実際に会いに行って、弁護の方法を考えたりする「実務修習」もあります。

ところが、「刑事弁護」はあくまで加害者を弁護するための科目ですから、被害者支援について考えることはしません。卒業試験では必ず、「被告人は無罪」という結論で答案を作成しなければならず、「有罪」という答案を書いたら不合格となり、弁護士にはなれないでしょう。

そんな研修を受けた弁護士が刑事事件に関わるわけですから、被害者支援よりも加害者の弁護に熱心なのは必然なのかもしれません。また、弁護士会に新人として登録すると、刑事弁護の研修を義務づけられますが、被害者代理人の研修は義務ではないのです。つまり、弁護士が被害者支援をしようと志す機会自体がないということです。

しかし、被疑者・被告人の権利擁護と被害者救済は両立するはずです。犯罪を認めている被疑者・被告人であれば、謝罪をして被害者に真摯に向き合えば、被害者の被害感情が和らぐこともありますし、それによって刑が軽くなる可能性もあります。犯罪事実を争っている事件であっても、被害者を侮辱したり貶めたりする必要はないはずですし、そのような訴訟活動は、裁判員や裁判官に嫌悪感を抱かせ、かえって刑を重くする事情になります。つまり、被害者の支援に目を向けずに行う被疑者・被告人の弁護は、本当の意味で彼らを救っていないのではないでしょうか。

そのような弁護士業界の実情を後目に、少しずつではありますが、被害者の地位や権利は強くなってきました。それは国民が望む形でもあると思います。死刑に関しても、内閣府が5年に一度行っている世論調査の最新版で死刑賛成が80・8%だったのに対し、死刑反対はわずか9・0%にすぎませんでした。ということは、犯罪被害や死刑制度について、弁護士と国民の意識は大きく食い違っており、この「ズレ」は様々な問題をはらんでいると思われます。

死刑反対派への反論

では、死刑制度に関して、どのような意見対立があるのでしょうか。

一般的に、死刑制度に賛成する考え方を「死刑制度存置派」、死刑制度に反対する考え方を「死刑制度廃止派」と言いますが、本書では、「死刑賛成派」「死刑反対派」と表現することにします。

死刑反対派は、その根拠として様々なことを挙げていますが、主な理由は次のようなものです。

①死刑にしても亡くなった人は戻ってこないのだから、生きて償うべき

②死刑は「残虐な刑罰」であり、国家による殺人であるから許されない
③死刑にすると、冤罪であった場合に取り返しがつかない
④死刑廃止は世界の潮流である
⑤死刑に犯罪の抑止力はない
⑥刑罰は「応報」のためにあるのではないから、遺族感情を重視するのは近代法の精神に反する

ここでは、それぞれについて死刑反対派の主張の根拠と、我々死刑賛成派の反論を簡単に述べたいと思います。

まず、「死刑にしても亡くなった人は戻ってこないのだから、生きて償うべき」は正しいのでしょうか。確かに死刑反対派の言うとおり、加害者を死刑にしても、亡くなった人は戻ってきません。しかし、だからこそ遺族は死刑を望むのです。人を殺しておいて自分だけは生き延びるという、理不尽が許されていいのでしょうか。それに、「生きて償う」といっても、具体的に何をどのように償うのかわかりません。服役するということは、国民が納めた税金で衣食住を賄われ、単に「生きている」だけです。これでは何の償いにも

なりませんし、遺族は納得できないでしょう。

実際、闇サイト殺人事件で娘さんを殺された磯谷富美子さんは、「犯人の1人に死刑が執行された翌日から、その犯人のことを考えなくてすむようになった」と心情を語っています。死刑によって、遺族に心の平穏が訪れるというのはとても重要なことです。

次に、死刑は「残虐な刑罰」であり、国家による殺人だから許されないという主張があります。これは、日本国憲法第36条が「残虐な刑罰」を禁止していることに依拠しています。しかし実は、最高裁は日本の死刑執行方法である「絞首刑」を「残虐な刑罰に当たらず合憲である」とし、それに対して「火あぶり、はりつけ、さらし首、釜ゆで」などは「残虐な執行方法」である旨を明確に述べています。また、別の最高裁判例は、各国が採用している「銃殺、電気殺」などと比較のうえ、絞首刑が「特に人道上残虐であるとする理由は認められない」として合憲判断を示しているのです。ですから、「残虐な刑罰であり、国家による殺人」という主張も的外れといえます。

また、「冤罪であった場合に取り返しがつかない」もよく言われることです。しかし、冤罪は死刑の場合にだけ問題になるわけではありません。懲役1年でも無期懲役でも、冤罪であれば取り返しがつかないことは同じです。それに、冤罪を一番望んでいないのはご遺族です。冤罪であるということは、真犯人は何食わぬ顔でのうのうと生きていることに他ならないからです。冤罪を防ぐことは、科学捜査の進展と適正な刑事手続きによって実現されるものであり、死刑と結びつけることは論理の飛躍です。

さらに、「死刑廃止は世界の潮流である」とも言われます。全世界のうち死刑を廃止している国の方が多いのは事実です。しかし、ここで見落とされている最も重要な問題は、死刑を廃止しているヨーロッパ諸国などでは、なんら刑事手続きを経ないで「現場射殺」が当たり前に行われていることです。加害者を逮捕して取り調べを行い、裁判を経てみたら、加害者にも同情すべき点があり、重罪にすべきではない事件もあるかもしれません。そうした手続きを一切行わずに、現場で射殺する方がいいのでしょうか。海外の制度の一側面だけを取り上げて、あたかもそれが優れているといわんばかりの主張は、国民を欺いているに等しいと言えます。

それから、「死刑には犯罪の抑止力はない」という意見もあります。しかし、我が国には死刑を廃止した場合と実施した場合を比較した調査自体がないのですから、何の根拠もありません。一方で、死刑制度が抑止力になったケースならあります。2018年に新幹線の中で無差別に乗客を襲い、1人を殺害、2人を負傷させた事件の被告人は、「3人殺すと死刑になるので、2人までにしようと思った。1人しか殺せなかったら、あと何人かに重傷を負わせれば無期懲役になると思った」と供述しました。1人でも殺すことは許されませんが、死刑制度によって、それ以上の死者を防げたという側面があるのです。

最後に、刑罰は「応報」のためにあるのではないから、遺族感情を重視するのは近代法の精神に反するという意見もあります。しかし、刑罰の目的の一つが「応報」であることは事実です。刑法のどの教科書にも最初の方に書いてあることです。ただし、「応報」というのは、「やられたらやり返せ」を意味しているわけではなく、「犯罪に応じた刑罰を科す」ということなのです。ですから、「命を奪ったものは、死刑によって命を差し出す」ことが、「犯罪に応じた刑罰」に他ならないといえます。

約40年前の基準は適正か

我が国には死刑制度があるにもかかわらず、殺人事件の裁判で死刑判決が下されることはまれです。ここ数年の殺人事件は一年で900件前後（未遂を含む）ですが、死刑判決が出るのは一年にわずか数件にすぎず、全体の1％未満ということになります。つまり、殺人を犯しても、ほぼ死刑になることはありません。

なぜ、こんなにも少ないのでしょうか。

死刑判決というのは、裁判官や裁判員の気分で出されるものではありません。１９６８年、19歳の少年が４名を銃殺した事件（永山事件）で、最高裁はどのような場合に死刑判決が下されるのかという基準を示しました（１９８３年７月８日）。これは「永山基準」と呼ばれ、現在でもそれが死刑判決の基準として用いられています。後で詳しく述べますが、事件は個別に検討されるべきであるにもかかわらず、この「永山基準」が一人歩きしているフシがあります。

１９６８年というと、50年以上昔の事件であり、永山基準が示されたのも40年近く昔のことです。国民の生活状況や人権意識が凄まじいスピードで変化していくなかで、この古い基準が適正かどうか検証されることもなく、頑固に残り続けていること自体、不当ではないでしょうか。

「殺したがるバカども」ではない

日弁連は２０１６年10月、福井市で開かれた人権擁護大会で「２０２０年までに死刑制度の廃止を目指す」という宣言案を採択しました。採決はその大会に出席した弁護士だけで行われ、賛成546人、反対96人、棄権144人でした。しかし、2016年時点の弁護士数は3万7680人（日本弁護士連合会『弁護士白書2019年版』より）もいるのです。つまり、日弁連は死刑制度の是非という、被害者遺族と被害者支援をする弁護士にとって極めて重要な問題について、3万7680人中546人というたった1・4％の弁護士の賛成で「死刑廃止を目指す」ことに決めてしまいました。

この人権擁護大会では、作家で宗教家の瀬戸内寂聴さんがビデオレターでメッセージを寄せています。寂聴さんはそのなかで、死刑制度を批判したうえ、死刑廃止を訴える日弁連を激励する意味で、「殺したがるバカどもと戦ってください」と述べました。その後、被害者遺族らから猛烈な批判を浴びた寂聴さんは、朝日新聞に連載中のエッセーで謝罪したものの、メッセージは「今もなお死刑制度を続けている国家や、現政府に対してのものだった」として自分の発言を正当化しました。

しかし、これは巧妙に言い逃れをしているとしか言えません。

なぜかというと、日本では、仇討ちは認められていないからです。だからこそ、国家が被害者遺族に代わって死刑を執行しているわけですから、「死刑制度を続けている国家や現政府」を「殺したがるバカども」と言うのであれば、それはまさに被害者遺族に向けられた言葉であることを意味します。

ですが、被害者遺族も被害者遺族を支援する弁護士も、「殺したがるバカども」ではありません。死刑制度はあっても、死刑判決が出るような悲惨な事件はなくなって欲しいと心の底から願っています。命がどれほど大事か一番わかっているのは、遺族です。

「子どもを返して」

「妻を、夫を返して」

「お父さん、お母さんを返して」

私たちは、ご遺族の心からの叫びを前にすると言葉を失います。突然に奪われた命は二度と戻ってきません。その現実を前に立ち尽くすしかありません。大事な人を失った人の悲しみ、苦しみ、怒りはどれほどのものなのでしょうか。

命は大事。だから死刑が必要なのです。

日本の死刑制度は、とても厳格な手続きのもとに行われています。死刑制度はないけれど、問答無用で「加害者と思われる人」を現場射殺する諸外国が命を大事にしていると言えるのでしょうか。日本の死刑制度は、世界に誇れる素晴らしい制度です。

本書では、実際に起きた事件のご遺族の声を紹介しながら、私たち弁護士が、なぜ死刑に賛成するのかを具体的に明らかにしていきたいと思います。

第1章　被害者を見捨ててきた日本の刑事司法

死刑を求める遺族の権利

高橋正人

生きて償うことはおごり

「生きて償わなくても良い。死んで償ってくれ」

これが、凶悪犯罪の被害者遺族の多くの意見です。妻を殺害され、ご自身が被害者遺族となった元・全国犯罪被害者の会（あすの会）代表幹事の岡村勲弁護士は「文藝春秋」（2000年7月号）でこう綴っています。

「率直に言おう。犯罪被害者には誰しも加害者への復讐の思いがある。これは人間として、きわめて自然な心理であろう。殺された家族の仇を討ちたい。そう考えない遺族は稀だと思う」

もちろん、近代国家では仇討ちは認められていません。私的な制裁を自由に許すと暴力が暴力を呼び、国家の秩序が乱れるからです。その代わり〝国家がそれを代行してやろう〟〝遺族の無念な思いを国家が晴らしてやろう〟というのが近代国家のシステムであり、その究極の代行システムが死刑制度なのです。

しかし、死刑廃止を唱える人たちは一様に、「犯人を死刑にしたところで、亡くなった被害者の命は戻ってこない。だから、生きて償わせるべきだ」と言います。もし、犯人が心から反省して謝罪し、まっとうな人間になったら、そして、そのことで被害者の命が戻ってくるのであれば、償う意味もあるでしょう。多くの遺族が、「反省してください。更生してください。私が更生のお手伝いもします」と名乗り出てくるはずです。

「償う」とは辞書を引けば、「埋め合わせをする」「弁償する」「損失を補う」と書かれています。これを犯罪に置き換えれば、自分の犯した罪の埋め合わせをするということになるでしょう。

少年が万引きをしてコンビニに損害を与えても、後で親が出てきて商品の代金を支払えば、一応、埋め合わせをしたことになりますから、罪を償ったことになるかもしれません。また、傷害事件を起こして相手に怪我を負わせても、後遺障害もなく完治するなら、その間の治療費や休業損害をお金で埋め合わせれば、罪を償えるかもしれません。

しかし、人を殺したら、埋め合わせることはできません。殺人犯が罪を１００％償うことは、どうやってもできないのです。しかも、そもそも刑法上では「償う」という概念は明示されていないのが現実です。ですから、「生きて償わせる」という主張は、被害者遺族にとって〝キレイごと〟でしかありません。

一方で遺族は、取り返しのつかない現実を前に胸を搔きむしるような思いで苦しんでいます。娘さんを殺されたある母親は、「もし3億円を犯人に出せば娘の命が戻ってくるなら、いくらでも出します。私の命だってあげます」と涙ながらに話してくれたことがありました。

いくら反省しても、どんなに真人間になっても、被害者の命は戻って来ません。だからこそ、「死んで償ってくれ。せめて自分の命をもって責任をとってくれ」と遺族は訴えているのです。

死刑反対派はこうした遺族の気持ちをなぜ理解できないのでしょうか。

そもそも、法廷で殺人犯はことあるごとに「生きて償いたい」と涙ながらに訴えますが、どうやって償うというのでしょうか。

20歳になる目前の女性を同じ学校の学生が殺した事件がありました。犯人は刑事裁判が始まる間際になって、遺族にこう手紙を書いてきました。

「私は、兄妹や親など、今まで自分を応援してきてくれた周りの人たちの思いを裏切ってきました。その人たちのために真面目に罪と向き合って刑期を務め終わったら、少しでも早く社会復帰しようと思います」「時間が戻るなら戻ってほしい。（早く）普通の家に帰りたいし、普通の生活がしたいです」

また、別の事件ですが、次のような手紙を送ってきた被告人もいました。

「被害者の分まで、長生きして罪を償っていきたいです」

そこには、自分が殺した被害者への反省の意は微塵も感じられません。自分のことしか頭にないのです。一日も早く社会復帰して殺した人の分まで長生きすることで、罪を償っていきたいというのが、殺人犯が考えている「生きて償う」ことの中身なのです。

非情な最高裁見解

このように被害者やその遺族の気持ちはないがしろにされているわけですが、死刑反対派は、自分の論理がどれだけ浮世離れしているか理解していません。それは、なぜなのでしょうか。

「刑事司法は被害者のためにあるべきだ」という発想が根本的に欠けていることが大きな要因です。

今でこそ「刑事司法は被害者のためにもある」という考え方が少しずつ浸透してきまし

たが、そうした潮流ができあがったのは、実は、ほんの10年くらい前からに過ぎません。

ここからは、２００８年11月30日までの被害者の権利が否定されてきた刑事裁判の実情を紹介したいと思います。

まず、１９９０年2月20日に最高裁判所が出した見解です。最高裁は次のように被害者を冷たく見捨てました。

「刑事司法は、公の秩序維持のために行われるものであり、犯罪被害者の受ける利益は反射的な利益に過ぎず、法律上保護される利益は認められない」

難しい言葉を並べ立てていますが、要するに、犯人が罪を犯したら、それは国家に逆らったことになるから、裁判にかけられて罰せられるのだという理屈です。

ここでは、事件の最大の当事者である被害者の被害回復は二の次であり、「被害の回復は、法律の手続きで保護してやる必要などない。自分で勝手に回復しなさい。国家はそんなことのために時間と費用を使いません」と言っているわけです。つまり、被害者は、社会の秩序維持のための単なる「道具」でしかありません。

こうした司法のかつての現実を平穏に暮らす方々は知らないかもしれません。たとえば、路上で通行人１００人に、「もし、これから貴方が犯罪の被害に遭ったとしても、警察は貴方のために捜査はしてくれません。お上のために捜査をしていますから、あなたは取り調べの対象に過ぎません。そのような司法を貴方は信頼できますか？」と質問したら、どう答えるでしょうか。

全員が、怪訝な顔をして、質問自体に首をかしげるのではないでしょうか。そのような発想自体が、国民にはもともとないからです。「当然、国家が自分を守ってくれる。自分のために捜査や裁判をやってくれる」と信じているのです。でも、これは大きな間違いでした。

2007年に被害者参加制度ができたことによって、被害者はいまでこそ傍聴席からバーを越えて中に入り、検察官の横から刑事裁判に直接、参加できるようになりました。

しかしそれ以前は、重大で社会の注目を集めるような事件の場合、たとえ娘さんや息子さんを殺された親でも、冬なら朝早くから寒風吹きさらしの裁判所の前で抽選の列に並ばなければならず、抽選にあたらなければ傍聴席に入ることは許されませんでした。

それればかりか、そもそも被害者は裁判の期日すら教えてもらえませんでした。小さな会社を経営するお父さんを従業員に殺された姉妹が、「どうして、いつまで経っても裁判が始まらないのだろう」と不審に感じていたら、ある日、所轄署の警察官から連絡があり、

「明日、裁判があるようだ」と教えてもらうことができました。ところが、慌てて裁判所に行ってみると、すでに裁判は結審しており、その日は判決の言渡日だったそうです。

しかも、裁判の日をたまたま知り、朝から並んで運良く傍聴席の抽選に当たったとしても、その後がさらに大変です。席は報道陣の後ろと決まっているため、最前列から見守ることができません。その程度のことならまだましな方で、酷いときには娘を強姦した犯人の家族に囲まれて座らされた遺族もいました。

また、裁判が始まっても、被害者遺族は供述調書や実況見分調書などの刑事記録を一切見ることができませんでした。ご遺族であれば、辛いことであっても「どうして夫が殺されたのだろうか」「息子はどんな死に方をしたのだろうか」「旅発つ最後の言葉はなんだったのだろうか」をただ知りたいのです。臨終の場に立ち会うことができなかった分、より一層、最後の様子、殺された理由をできるだけ詳しく知りたいと思っています。

しかし、息子の最後の様子が写っている遺体の写真撮影報告書すら見ることが許されず、娘を強姦した犯人が捜査官に弁解している供述調書も読むことは許されませんでした。傍聴席で難しい専門用語が飛び交うのをただただ聞いているしかなかったのです。

一方の被告人は、証拠や書類を事前に思う存分見ることができます。弁護人から事前にしっかりと法廷戦術を学び、公判では、自分を守るためだけに嘘八百を並べ立てて言いたいことを言い、そこに弁護人が輪をかけて荒唐無稽な弁解をします。

１９９９年に起きた山口県光市母子殺害事件で、弁護人が、「ドラえもんがいると信じていた」と言って弁解したことを覚えていらっしゃる方もいるでしょう。

前出の岡村弁護士の裁判でも、岡村弁護士を逆恨みして奥さまを刺殺した犯人は、法廷で「夫人が突然飛びかかってきた。１メートルくらい吹っ飛ばされた。それでとっさに刺しました」と弁解しました。しかし奥様は、身長１５０センチくらいの小柄な女性で、糖尿病を患っていました。飛びかかれるわけがなく、その理由もありません。全くの出鱈目だったのです。

また、自分のやったことを素直に認める被告人ですら、量刑に影響を与える情状の話になると、突然豹変し「大変に申し訳ないことをした。これからは、生涯をかけて償っていきたい」と言うものです。

このように、被害者は傍聴席で彼らの弁解を腸が煮えくり返る思いで黙って聞いていなければなりませんでした。実際に、「違います」と2回叫んだだけで、裁判長から退廷を命じられた遺族もいます。

他にも、池袋で起きた通り魔殺傷事件で娘さんを殺されたご遺族が「裁判長の声が小さいのでマイクのボリュームを上げてほしい」と傍聴席から訴えたら、閉廷後、裁判官室に呼ばれ、書記官を通して、「傍聴人に聞かせるために裁判をしているのではない」と一喝されたこともありました。

さらに、一番、驚くのは、当時、被害者は裁判の判決文すらもらえなかったことです。裁判所はもとより、味方であるはずの検察官ですら、被害者への交付を躊躇していました。被害者は仕方なく、裁判所からマスコミに配付される「判決文の要旨」を知り合いの記者からこっそりとコピーしてもらっていたのです。

ここに至って、被害者は、刑事裁判が自分たちのために行われているわけではなく、被害に遭ったことのない裁判官、検察官、被害を与えた張本人である被告人、そして被害者を平気で傷つけるうえにその存在すら無視する弁護人のためだけにあることにようやく気付き、司法不信に陥るのです。

岡村弁護士は「文藝春秋」で、当時の状況をこう述べています。

こうした日本の司法システムの矛盾が極限にまで現れているのが、少年裁判だろう。

少年たちの暴行で、息子を殺されたある女性は、警察と家庭裁判所でこんな説明を受けたという。

「警察では、日本は法治国家であり、個人の恨みを晴らすとか、仇討ちをすることは許されない、といわれました。そして、加害少年にも人権があり、立ち直る可能性と将来がある、と言うのです。家庭裁判所では、ここは加害少年の将来を考えるところで、事実関係をどうのこうのするところではない、と言われました。さらには、親御さんの心情を聞きたいわけではない、と言うのです。殺された息子のことなどどうでもいい、という扱いでした」

警察にしても、家裁にしても、こうした言葉を吐くとき、人間はどんな顔になるのか、と考え込んでしまう。その逆立ちした論理の非人間性はおぞましいとしか言いようがない。

被害者のために行われているわけではない刑事司法は、被害者を完全に蚊帳の外に追いやってきました。こうした刑事司法を一体、国民の誰が信頼するでしょうか。

犯罪被害者の権利が確立された瞬間

そこで立ち上がったのが、2000年1月23日に設立された「全国犯罪被害者の会」、通称「あすの会」(2018年解散)です。岡村弁護士、光市母子殺害事件の遺族ら5名が発起人となり、「犯罪被害者の権利を獲得し、被害者のために刑事司法を取り返すこと」を方針として活動がスタートします。筆者も同年8月頃からお手伝いさせて頂き、2002年と2004年の海外調査への参加を始め、副代表幹事として被害者参加制度の創設や公訴時効の廃止などに深く関与させて頂きました。

しかし当時は、「被害者の権利」を小声でささやくだけでも「おまえは刑事訴訟手続きの基本を知らない」と言われ馬鹿にされる風潮が蔓延していました。筆者もこんな経験をしたことがあります。司法修習生であった1998年のことです。家庭裁判所で少年裁判の修習を受けているとき、「加害少年を自分が殺した被害者の葬儀に参列させ、自分のしたことと向き合わせるべきだ」と意見を述べたところ、「君は少年法の基本がわかっていない。被害者と向き合わせたら、心が乱れて更生の妨げになることが分からないのかね……」と言われ、一緒に修習を受けていたほかのメンバーや教官から笑われました。そんな時代だったのです。

ちなみに、その4年後の2002年、元・あすの会でドイツに刑事司法制度について調査へ行ったときに筆者が、「白い輪」という被害者支援団体で同じ質問をしたところ、少し間を置いたあと、ここでもまた笑われました。ですが、笑われた趣旨が全く正反対でした。

「なぜ、君はそんな馬鹿な質問をするのか。罪と向き合わないで少年が更生できるわけがないじゃないか」

つまり、世界にとっては、葬儀に参列させても何ら問題はなく、初歩的な質問だったということです。

日本の常識は世界の非常識ということを痛感しました。

話を元・あすの会に戻します。2002年9月、元・あすの会では被害者が刑事裁判に直接参加するドイツの公訴参加の制度と、刑事の裁判官が同時に民事の損害賠償の審理もするフランスの附帯私訴の制度を精査したうえで、我が国で国民運動を起こすため海外調査を実施しました。訪問先のドイツやフランスでは、行く先々でこう言われました。

「我が国でも、20年前までは被害者は『証拠品』だったが、今は当事者です」

最初は通訳による「証人」との間違いだと思い、英語で聞き返したところ、〝マテリアル〟と答えたので、誤訳ではありませんでした。元・あすの会は帰国後、一連の海外調査で得た経験を踏まえ、「被害者は証拠品ではない。権利者である」と訴える署名活動を始めます。47都道府県すべてを1年かけて回り、街頭署名などで55万7215筆を集めました。これだけ集まったのは、国民から大きな共感が得られたからです。日本のような先進国家で、まさか被害者なのに判決文すらもらえないとは、誰も想像すらしていなかったのですから、当然と言えば当然でした。

その結果、2004年12月1日、「犯罪被害者等基本法」が国会においてほぼ全会一致で可決成立しました。その第3条では、「すべて犯罪被害者等は、個人の尊厳が重んぜられ、その尊厳にふさわしい処遇を保障される権利を有する」と定められました。犯罪被害者の権利が誕生した瞬間です。被害者を証拠品扱いした1990年の最高裁判決は、立法で変更されることになったのです。

その基本法に基づいて、翌年には、「犯罪被害者等基本計画」が閣議決定され「生身の犯罪被害者等の権利利益の回復に重要な意義を有することも認識された上で、その手続が進められるべきである。この意味において、『刑事司法は犯罪被害者等のためにもある』ということもできよう」と明言されました。

これを受けて２００７年６月、前述した公訴参加と附帯私訴制度の日本版である「被害者参加制度」と「損害賠償命令制度」が与党、主要野党の賛成で可決成立しました。

法廷が復讐の場になる？

日弁連はその間、節目のタイミングを狙ってことごとく被害者参加制度に反対し、会長談話や会長声明、意見表明などで「被害者参加制度は将来に禍根を残す制度である」と公言してきました。

しかも、未だにその見解を取り消しておらず、今後も撤回する様子はうかがえません。「被害者を目の当たりにすると、被告人が言いたいことが言えなくなる。法廷が復讐の場になる」というのがその言い分です。

しかし、被害者を目の当たりにして被告人が萎縮するのは当たり前であり、萎縮しないのであれば、そのような被告人は再犯の恐れが大きいと言えます。むしろ、裁判期日を教えてもらったり、記録を見たり、検察官の隣に座ったり、被告人に一言、言いたいことを投げかけたり、判決文をもらったりすることが、どうして復讐の場になり、将来に禍根を残すというのか、筆者には全く理解できません。

遺族にとって被告人の更生とは？

被害者参加制度が施行されたことで、遺族は法廷で自由にものが言えるようになりました。繰り返しになりますが、それまでは、死刑になりたくないばかりに被害者が襲ってきたなどと荒唐無稽な弁解をしたり、生きて償うことこそ意味のあることだと弁護人が力説したりしても、被害者は何一つ反論できませんでした。

しかし、今では違います。

「命をもって償ってくれ」と堂々と被告人に向かって言うことができるようになり、多くの被害者遺族が死刑を求刑するようになりました。被害者参加制度では、検察官とは別に求刑する権利が被害者にも認められたからです。

冒頭で述べた、一日も早く社会復帰したいという被告人からの手紙を読んだ被害者遺族が、法廷でどのように訴えたかは容易に想像がつくでしょう。母親は法廷で、「あの子と同じ苦しみを味わって、はじめて殺人という罪の重さを知るのではないでしょうか。あの子が奪われた未来に見合う厳罰が下されることを、極刑が下されることを願っています」と被害者参加制度を使って訴えました。

また、父親は、「今回のような残酷な日を迎えるためだけに20年間娘を育ててきたかと思うと悔しくてならない」と涙ながらに訴えていました。

生きて償うとは、被告人に更生の道を残す、立ち直る機会を与えるという意味です。大切な娘を殺された遺族からすれば「被告人の更生のために自分の娘の命を差し出しなさい。我慢しなさい」と言われていることと変わりがありません。しかし、どうして、そんな殺人犯の更生のために、大切に育ててきた娘の命を差し出さないといけないのでしょうか。どうして、犯罪に遭うと、遺族は突然、聖人君子になって被告人の更生のために協力しなければならないのでしょうか。被告人の更生は、被害に遭っていない人たちが考えれば良いことです。被害者遺族に押しつけるのはおかしなことです。

罪の深刻さと向き合うには

論者の中には、「被告人は本当に心から反省している。後悔している。死刑にするのは忍びない。だから生きて償わせるべきだ」という人もいます。

こうした意見に対して、光市母子殺害事件の被害者遺族は、記者会見で次のように答えています。

「自分の命を取られるという実感を持って、初めて自ら犯した罪の深刻さと向き合うことができ、内省を深めることができるのではないか。被告人が反省していることは大変に良いことだと思う。これからもしっかりと人間としての心を取り戻して死刑判決を受けてほしいと思う」

人間の心を取り戻したら死刑というのは、確かに酷なことかもしれません。しかし、もっと残酷なのは犯人がした行為です。2人の女性を生きたままドラム缶に入れて焼き殺したり、女学生に暴行を繰り返して死亡させせコンクリートに詰めて遺棄したり、本当に残忍極まりない行為を犯人はやり尽くしているのです。獣でもそのような殺し方はしません。2019年の京都アニメーション事件では、36人もの罪のない人たちが焼き殺されたり、窒息死させられたりしました。殺された人たちは、どんなに苦しく、無念だったでしょう。

一方、犯人は、死刑判決を受けても、執行されるまでは衣食住が無料で保障され、病気になれば手厚い医療をタダで受けられるのです。京都アニメーション事件の犯人が、最先端の治療を受け、莫大な費用をかけて命を取り留めたことは誰もが知っていることです。

また、「仮釈放のない終身刑を科して、生きて償わせるべきだ」と唱える人もいます。では、その間の衣食住費や医療費は誰が出すのでしょうか。日弁連をはじめとする死刑反対派が全額負担してくれるのであれば、理解してくれる人も現れるかもしれません。しかし、実際は、殺された被害者の遺族も支払っている税金の一部でまかなっているのです。遺族は、それが悔しくてなりません。

それだけではありません。遺族からすれば、大切な家族を殺した犯人が生きていること自体が、苦痛でしょうがないのです。第5章「被害者遺族からの手紙」の筆者で、名古屋の闇サイト殺人事件で娘さんを殺害された母親は「犯人の1人に死刑が執行された翌日から、その犯人のことを考えなくてすむようになった」と言っています。

基本法に基づいて、閣議決定された「犯罪被害者等基本計画」では、「刑事司法は犯罪被害者等の権利利益の回復のためにもある」と宣言してくれました。被害者遺族が、事件のことに一区切りをつけ、頭の中に犯人が浮かばなくなるのは、新たな生活の一歩であり、被害者の権利利益の回復そのものなのです。

こういった利益と、犯人に衣食住を確保し、大往生するまで暮らすことを保障する利益を比べたら、どちらを優先すべきかは言うまでもないことでしょう。仮釈放のない終身刑なら、遺族も死刑廃止に納得するだろうなどという考えは、被害に遭っていない幸せな人が言う言葉にすぎません。

さらに、「被害者の権利利益の回復は、経済的補償をすることでまかなうべきだ。だから死刑制度は要らない」と述べる人もいます。日弁連がそうです。確かに、残された家族の生活保障のために経済的補償は必要です。民事訴訟で勝訴判決を得ても、資力のない殺人犯からは一銭も回収できないのが現状ですから「犯罪被害者等給付金制度」を今よりも充実させて、国が被害者に手厚い保護を与えるべきなのは当然のことです。しかし、だからと言って、家族を殺された遺族の怒りが治まるわけではありません。経済的補償さえすれば良いなどという見解は、あめ玉をしゃぶらせて黙らせることと同じで、被害者の尊厳を傷つけるものです。

「死刑を求めるのは、人の命をないがしろにするものだから、生きて償わせろ」と言う論者もいます。しかし、光市母子殺害事件の被害者遺族は、「私は、少しも命をないがしろにしていません。彼こそが私の最愛の人を理由もなく自分の欲望のためだけに命をないがしろにしたのです。人の命を弄んだことに対して彼にはきちんと罪を償って頂きたい。法治国家では罪を償う方法として死刑が認められています。自分の命をもって罪を償って欲しいから死刑を求めているのです。ですから、私は彼の命を軽んじているのではありません」と、断言しました。

法治国家では、仇討ちは禁止されています。だからこそ、国家が処罰を代行しなければならないということは前述しました。死刑は人の命をないがしろにするものではなく、罪を償う正当な方法として認められているのです。もし、国家が代行しないというのであれば、国家の職務怠慢と言えます。仇討ちをしてはいけない、代わりに国家がめんどうを見ますと言ったのに、それをやらないのは約束違反だからです。「国が職務放棄するのなら、仇討ちする権利を返して欲しい」と遺族は皆、思っています。もちろん、それはしてはいけません。自ら死刑を執行するのではなく、死刑を国家に求めることが近代国家の在り方だからです。

幸せな第三者には分からない

「生きて償わせる」というのは確かに耳ざわりのいい言葉です。こんなことがありました。裁判員裁判が始まってすぐのことです。青森で起きた殺人事件で、裁判長が最後に被告人に「これは裁判員全員の一致した意見です。これからは、（生きて）被害者のご冥福をお祈りしなさい」と説諭したのです。

これを聞いた、ある別の事件の遺族が、囲み取材で強烈に批判しました。

「大切な家族を殺された遺族で、殺した犯人に、殺された家族の冥福を祈って欲しいと思う人がどこにいるか。冥福を祈るとは、どうぞ安らかにお眠りくださいと言っていることだ」

これでは、強姦犯人が傍聴席にいる被害女性に向かって「幸せな結婚生活を送ってください」と言っていることと同じです。

ただ、その批判を聞いた筆者は、実ははっとしました。元・あすの会の副代表幹事として、それまでの10年間、被害者と話をしない日はないくらい被害者とのコミュニケーションをとってきました。でも、自分が裁判官になっていたら同じ説諭をしてしまっていたのではないかと思ったからです。その時、思いました。「被害者の気持ちは被害に遭ってない幸せな第三者には分からないのだ。そう考えることにしよう。そうすれば、今、目の前にいる被害者の生の声が素直に耳に入ってくるから」。

生きて償わせるというのは、幸いにも被害に遭っていない人が言う、聞こえのいい自己満足ではないでしょうか。凶悪犯罪の被害者遺族は誰しもこう言っています。

「命は尊く、大切なものです。その大切な命を奪ったのだから、尊い自分の命を差し出すのが、貴方ができるせめてもの償いです」

「命は大事。だから死刑」なのです。

［参考文献］

全国犯罪被害者の会　ヨーロッパ調査団「ヨーロッパ調査報告書―被害者の刑事手続きへの参加をめざして―」
岡村勲監修、守屋典子、髙橋正人、京野哲也著『犯罪被害者のための新しい刑事司法（第2版）』明石書店
犯罪被害者支援弁護士フォーラム編著『ケーススタディ　被害者参加制度　損害賠償命令制度―被害者に寄り添った活動の実践のために―（2訂版）』東京法令出版

殺された被害者の命は殺人犯の命より軽い？

大澤寿道

殺人事件の刑事裁判の不思議

法曹以外の一般の方々の多くは日本の裁判を信頼していて「悪いことをやった人は、きちんと罰せられるだろうし、被害者の権利はきちんと守られている」と考えているでしょう。弁護士である私自身も同様に、日本の法律や司法を多くの面では信頼しています。

しかし、実は、殺人という重大事件の裁判においては、その信頼が裏切られることがほとんどです。

たとえば、わいせつ目的で子供が無残に殺害される、あるいは、何度も刃物で刺したり、火を点けるなどの凄惨な方法での殺人など、普通の感覚であれば「殺人犯である加害者は、自身の命をもって罪を償うべきだ」と考えられるような事件が発生しても、殺人犯が「死刑」となることは非常に少ないのが現状です。結果として、殺人犯の命のほうが大切に扱われることになり、被害者の命の価値が軽んじられるという理不尽さだけが残ることになります。

この項では、被害者や加害者の「命の価値」をどのように考え、刑事裁判でどのように扱われるべきかについて触れたうえで、殺人事件の刑事裁判がいかにおかしいかを説明させていただきます。

まず初めに、『犯罪白書』の資料「地方裁判所における死刑・懲役・禁錮の科刑状況」を見てみましょう。

・平成27年　殺人314件　死刑2件
・平成28年　殺人317件　死刑1件
・平成29年　殺人234件　死刑3件
・平成30年　殺人269件　死刑2件

このように殺人事件が発生しても、「死刑」となることは非常にまれだという事実がわかります。

近代国家においては、人の権利（人権）は、国によって守られるべきものとされています。人の命は、人権の根幹をなすものです。つまり、人の命が奪われた場合、国の司法や刑事裁判では、被害者の命は守られるべきだったものとして扱われるべきであり、加害者に対しては適正な刑罰が科されるべきです。

一方で、人の命は大切だから奪ってはいけないという考え方に立てば、国家が犯罪者を処罰するにしても、「死刑」は許されないのではないかという疑問も生じるかもしれません。

しかし、次に述べるように、刑罰としての「死刑」という制度自体は、何ら問題なく認められています。

死刑が否定される理由はない

「死刑」は、私人によって利己的に行われた犯罪行為とは全く別のもので、あくまで刑罰として科されるものですから、悪い行為として否定される性質のものではありません。

日本において「死刑」は、刑法という明文できちんと定められており、特に重大な犯罪のみで規定されています。そのため一般的には、重大な犯罪を犯さなければ「死刑」になることはありません。また、「死刑」という刑罰は裁判手続を経たうえで科されることから、加害者にも争う機会は与えられており、犯罪である殺人とは全く異なるものです。そして、日本の最高裁判所においても合憲とされています。

加えて、主権を有する日本国民の8割以上が、死刑制度に賛成している以上、刑罰としての「死刑」が存在すること自体に何ら問題はないと言えるでしょう。

なお、「死刑」を世界の潮流に反するものであるとして否定する意見もありますが、第3章で詳述するように、その主張は必ずしも正しくありません。また、同章で考察するとおり、「死刑」を廃止した国においても、現場射殺を行うことは認められています。国家が一定のルールのもとで、必要に応じて犯罪者の命を奪う行為が否定されているわけでないのです。ですから、そのような他の国と比較しても、日本における刑罰としての「死刑」が否定される理由はありません。

さて、ここまでを前提として、殺人事件の刑事裁判の理不尽な点、つまり、殺人犯の命が大切にされる一方で、被害者の命が軽んじられている点について説明したいと思います。

殺人犯の命は被害者の命の3つ分？

まず、私の個人的見解としては、落ち度のない被害者の命に比べて、利己的に他人の命を奪った犯罪者の命は尊重すべき価値が低いと考えても構わないのではと思っています。

一方で、命の価値に差を設けるべきではなく、どのような人の命であっても、その価値は高く、等しく尊重されるべきと考えている方たちがいます。そうであれば、重大な犯罪を犯した加害者の命も被害者の命も等しい価値を有する大切なものですから、どちらか一方を軽視することはないはずです。

ところが、日本の刑事裁判、特に裁判員裁判が始まる前の職業裁判官だけによる裁判では、「死刑」を科すことのハードルが過剰に上げられ、非常に凄惨な方法だったり、利己的な考えで被害者の命を奪ったような事件であっても、なかなか「死刑」という判決が出ませんでした。つまり、加害者の命が尊重されすぎてしまい、無残にも奪われた被害者の命が軽視されるという結果になってしまっているのです。

より具体的に言えば、日本の刑事裁判では、殺された被害者が1人（奪われた被害者の命が1つ）の場合には、死刑にならないことのほうが圧倒的に多く、2人、3人と殺されなければ死刑とならない傾向にあります。これは、被害者の命1つと加害者の命1つを同じ価値とは見ておらず、被害者の命が2つ、もしくは3つ以上になって、ようやく加害者の命1つと同価値と判断していることを意味します。一般的な感覚として到底、納得できるものではありません。

死刑求刑事件は2・6％

日本の刑事裁判においては、検察官による求刑が「死刑」ではない場合に、死刑判決が下されたという事件はありません。ですから、現状では検察官による「死刑」の求刑が、死刑判決の前提となっていると言えます。しかし、このようななか、検察官による「死刑」求刑はかなり限定されています。

司法研修所編集の「裁判員裁判における量刑評議の在り方について」によれば、１９８０年度から２００９年度までに１審が終局した事件のうち、殺人既遂又は強盗殺人（強盗致死）で処断された人員は１万４７４０人で、このうち死刑求刑事件は３８８人、つまり２・６％に過ぎません。

また、２０１１年11月から２０１５年12月までに日弁連刑事弁護センター（裁判員本部を含む）が収集した情報を参考にすれば、殺人既遂罪で有罪判決が下された２３２件のうち、死刑求刑がなされた事案はわずか8件（3・4％）でした。

もちろん、事件によっては、加害者にも同情すべき事情があります。たとえば、虐待を受け続けていた子供が追い詰められて親を殺害したり、長年両親を介護していた子供が自らも高齢となり、介護疲れによってやむなく親を殺害したようなケースです。ですから、全ての殺人事件において死刑求刑が行われることが正しいというわけではありません。

それでも、一般の方々が事件の内容を聞けば、死刑を求刑すべきと考えられるような事件であっても、死刑求刑が行われることは余りに少なく、過剰に制限されてしまっているのが実情です。

そもそも、国家には、国民の権利（人権）を保護すべき義務があり、被害者の権利を侵害した加害者を処罰する義務も認められているわけですから、検察官においては、（純粋な公益のためだけではなく）被害者の権利を守るためにも求刑を行うべき義務があるといえます。また、検察官は公益の代表者であるとはいえ、国民が納得できるような求刑を行うことが国民の司法に対する信頼と犯罪の抑止に結びつき、公益にも適うことから、国民が納得する求刑を意識するべきです。しかし、現在の検察官による死刑求刑はあまりにも限定的、例外的で、国民の感覚からかけ離れすぎていると思えて仕方ありません。

ちなみに、次のような事件では死刑求刑が妥当だと考えられますが、そうはなりませんでした。

・英会話講師殺害事件＝2007年、千葉県市川市で男が英国人の英会話講師を強姦して殺害し、その死体を遺棄した。検察官はその重大性と、非常に強い力で3分以上も頸部を絞め続けるという殺害方法から明らかな殺意があったことを指摘。また、加害者が犯行後に逃亡し、逮捕後の弁解には不合理な点があると批判した。しかし、被害者が1人で加害者に前科がないことから、死刑は躊躇せざるを得ないとして無期懲役の求刑を行った。

・東海道新幹線車内殺傷事件＝2018年、新幹線内で男が無関係の人を鉈で切りつけ、1人を殺害、2人に重傷を負わせた。切り付けられた女性を助けようとした男性が、何度も切り付けられて殺害されたという凄惨な事件だった。加害者は重傷にとどまった被害者について「残念なことに、殺し損ねました」と述べるなど、反省の様子が全くみられなかった。だが、検察官は、死刑求刑は行わずに、無期懲役の求刑を行うに留めた。

永山基準が障壁

刑事裁判において、裁判官が死刑にするかどうかという判断を行う場合、最高裁判所が1983年7月8日に下した判決（永山事件第1次上告審判決）が、基準のように用いられています。

この永山判決は、「死刑制度を存置する現行法制の下では、①犯行の罪質、②動機、③態様ことに殺害の手段方法の執拗性・残虐性、④結果の重大性ことに殺害された被害者の数、⑤遺族の被害感情、⑥社会的影響、⑦犯人の年齢、⑧前科、⑨犯行後の情状等各般の情状を併せ考察したとき、その罪責が誠に重大であって、罪刑の均衡の見地からも一般予防の見地からも極刑がやむをえないと認められる場合には、死刑の選択も許されるものといわなければならない」（注・数字は編集部による）と判断しています。

この判決においては、死刑にするかどうかについて、④の「殺害された被害者の数」が重要な判断要素として挙げられており、殺害された被害者の人数が1人ではなく、2人、3人と増えていった場合の方が、死刑という極刑に近づくということが示されています。そして、その後の刑事裁判では、殺害された被害者が、1人だけの場合には、なかなか死刑という判断にならない結果となっています。

実際、1980年度から裁判員裁判が始まった2009年度までの殺人罪及び強盗殺人罪の裁判において、殺害された被害者が1人の場合には、検察官によって死刑求刑された凄惨な事件は100件ありましたが、死刑判決が下されたのは32件となっています。

なお、この数字はあくまで死刑求刑がなされた100件のうちの32件です。1980年度から２００９年度までに１審が終局した事件のうち、殺人既遂または強盗殺人（強盗致死）で死刑が求刑されたのは、それらの罪で処断された人員のわずか２・６％に過ぎないことは前述しました。つまり、殺害された被害者が１人の場合は死刑が求刑されること自体がまれであり、死刑判決の割合は非常に少ないことになります。

ちなみに、裁判員裁判が始まった２００９年から２０１８年までの第１審において、殺害された被害者が１人の場合、死刑求刑された８件のうち、４件で死刑という判断が下されました。裁判官裁判の頃よりは死刑判決が下される割合は上がっているといえます。ただし、この場合も死刑を求刑されるケース自体が少なく、殺害された被害者が１人の場合で、死刑という結果になる事件の割合は、やはり非常に少ないと言えます。

繰り返しになりますが、一般の方々の感覚で見れば、非常に凄惨な事件で、「死刑」になって当然と考えられるような場合であっても、判決において、「死刑」となることは非常に少なく、また、裁判官が、「死刑」とならない理由として、「殺害された被害者は１人」ということを挙げることがしばしばあり、これらの点は、明らかにおかしいと思います。

想像してみてください。

あなたの家族が、何度も刺されたり、執拗な暴力を振るわれて殺害された、あるいは、強姦などをされて殺されたという場合、その加害者に対して適正な刑罰として、「死刑」を望むことは当然だと思います。しかし、それに対して、正義を守るべき刑事裁判において、裁判官から、「殺された被害者は1人だから、加害者は死刑にはしません」と言われた場合、それで納得できるでしょうか。

到底、納得できず、刑事裁判に失望してしまうと思います。

裁判員裁判の判断を裁判所が否定

国家には、国民の人権を保護し、権利を侵害した者に対して適正な処罰を科すべき義務があり、刑罰は主権者である国民が納得する内容であるべきです。しかし、現在の裁判では、殺された被害者が1人のときには、「死刑」にしないという非常識な考え方が、正しいルールであるかのように扱われることがあり、本当に不思議でなりません。

この点、国民の意見を反映するということで裁判員裁判が始まり、刑事裁判における刑が適正になりつつあります。しかし、一方で、裁判員裁判において真剣な評議がなされたうえで、「死刑」という判決がなされたにもかかわらず、上級審で無期懲役に減刑されたというケースが7件もあります（２０２０年1月27日時点。殺害された被害者が複数の事件を含む）。裁判所が自ら始めた裁判員裁判という制度を、裁判所が否定する判断を行っていることも理解ができないところです。

過度に上げられたハードル

日本の刑法においては、刑罰としての「死刑」が認められています。ただ、「死刑」を科すべき事件が発生しても、現在の刑事裁判では、殺された被害者の命に比べて、殺人を犯した加害者の命を過剰に保護して、「死刑」という刑が過度に避けられています。

本来、国の刑罰については、主権者である国民の考えが意識されるべきですし、国民が信頼、納得できるような裁判が心掛けられるべきと考えられます。実際に、殺人事件などの重大事件においては、国民の意見を反映すべく、裁判員裁判が行われてきました。

しかし、現在、一般の方々が聞けば、「死刑」にすべきと考えるであろう事件の多くで、「死刑」という結論にはなっていません。また、きちんと審理が行われた裁判員裁判の判決で、「死刑」という判断がなされたにもかかわらず、控訴された後の高等裁判所で覆るということが生じています。もちろん、高等裁判所の判決では、「死刑」にしない理由も述べられていますが、それは、納得できるような理由ではなく、「死刑」という刑罰自体のハードルを過度に上げているとしか考えられません。

国民による刑事裁判に対する信頼が、きちんと維持されるように、命を奪われた被害者のことをしっかりと考えた刑事裁判が行われるべきです。

［参考文献］
法務省発行『犯罪白書』（平成28年版、平成29年版、平成30年版、令和元年版）
司法研修所編「裁判員裁判における量刑評議の在り方について」
日本弁護士連合会刑事弁護センター編『裁判員裁判の量刑Ⅱ』現代人文社
永田憲史著『死刑選択基準の研究』関西大学出版部
三原憲三編集代表「死刑に関する資料集」及び「続・死刑に関する資料集」
安藤泰子著『刑罰権の淵源』成文堂
47NEWS「新潟女児殺害、死刑判決とならない事情　最高裁が求める『慎重さ』『公平性』、裁判員を説得か」（2019年12月7日配信）
など

「仮釈放のない終身刑」は死刑の代替刑になり得るか

山崎勇人

日本に「終身刑」はない？

「死刑を廃止しても、『仮釈放のない終身刑』を導入すれば、死刑と同じ効果が得られる」という意見を聞いたことはないでしょうか。

まず気になるのが「仮釈放のない終身刑」という言葉かもしれませんが、そもそも日本に「終身刑」はないのか、「無期刑（無期懲役や無期禁固）」とは何が違うのか、などの疑問をお持ちの方も多いと思いますので、最初にこの点について整理しておきましょう。

テレビやインターネット上の記事を見ていると、「終身刑」には仮釈放がなく、「無期刑」には仮釈放があるという説明がなされていることがありますが、これは正確ではありません。

「終身刑」は、死ぬまで刑事施設に収監される刑であり、「無期刑」は刑期を決めずに刑事施設に収監される刑です。「無期刑」と「終身刑」は、少なくとも法的には同じ意味を持ち、いわゆる自由刑（人の自由を制限する刑）として終身にわたり刑事施設に収監されることを指します。

一方、刑罰の減免措置、あるいは、恩赦により与えられる「仮釈放」は、刑罰とは別に考えるべきとされており、「無期刑」でも仮釈放が認められなければ終身にわたり収監されたままですし、「終身刑」であっても、仮釈放の可能性はあるということになります。

そのため、仮釈放の可能性の有無でこれらを区別することは誤りとされています。実際、法務省は、「無期刑とは、刑期が終身にわたるもの、すなわち、受刑者が死亡するまでその刑を科するというもの」（法務省作成「無期刑及び仮釈放制度の概要について」）と定義しており、無期刑と終身刑は同じ意味で用いられているのです。

ではなぜ、前述のように仮釈放の有無によって「終身刑」と「無期刑」を区別するかのような説明がなされるのでしょうか。

それは、「仮釈放の制度」により、我が国では、無期懲役に処せられた受刑者でも、刑務所から出所できるケースが相当数あるため、「無期刑」イコール「仮釈放がある制度」というイメージが強いからだと思います。

日本では刑法第28条により、無期刑に処せられた者であっても、10年以上服役し「改悛の状があるとき」は、「仮釈放」が許可されると定められており、近年では、年間10名弱の無期懲役受刑者が仮釈放によって現実に刑務所の外に出ています。それゆえ、我が国における「無期懲役」は、文字通りの「無期刑」にはなっていないのです。

以上より、現在の日本においては、法律上、「仮釈放のある終身刑（無期懲役）」は定められているが、「仮釈放のない終身刑」（これを「絶対的終身刑」と呼ぶ人もいます）は定められていないというのが正しい理解となります。

冤罪防止を放棄

「仮釈放のない終身刑」の場合、受刑者は何があっても生涯、刑務所などの刑事施設から出ることはできないのだから、「死刑」と同じであるという主張は表面上では正しいように思えます。それゆえ、犯罪者の命をわざわざ国家が奪う必要はなく、「仮釈放のない終身刑」を導入した上で、死刑を廃止すべきだという意見があり、死刑廃止論の一つの根拠として紹介されることがあります。

確かに、二度と社会に戻ることができないという意味では、「仮釈放のない終身刑」も「死刑」も同じかもしれません。

しかし、「仮釈放のない終身刑」の導入には、次に述べるような様々な問題があり、安易に「死刑」の代替刑として位置づけるべきではないと考えます。

まず、「仮釈放のない終身刑」の導入の根拠として、「刑事裁判には冤罪のおそれがある。冤罪で死刑になった場合には取り返しがつかないが、仮釈放のない終身刑であれば取り返しは可能である（受刑中に再審によって冤罪を是正できる）」という意見が述べられることがあります。

しかし、冤罪のおそれは、「疑わしきは罰せず」という原則を徹底することによって回避すべき問題であり、「死刑」の存廃問題と結びつけて考えるのはこじつけです。「死刑」であろうと「仮釈放のない終身刑」であろうと、それが冤罪によるものであれば、いずれも取り返しがつかないことに変わりありません。

また、「冤罪が避けられない以上、死刑は廃止すべきだ」と主張する方もいますが、それを前提として「死刑」を「仮釈放のない終身刑」で代替させようとするのであれば、それはもはや冤罪の防止に向けた努力を放棄したも同然です。かえって、「後で是正すればよい」との心理から、冤罪に対するチェックが疎かになってしまう危険すらあります。

さらに言えば、そもそも世の中には、冤罪の可能性がない事件も数多く存在します。例えば、白昼堂々、町中で無差別に銃を乱射して、通行人を多数死亡させ、その場で駆けつけた警察官に現行犯逮捕されたという事件などです。この場合、冤罪が生じる余地は全くないのであり、死刑の是非は冤罪の問題とは別に議論されなければなりません。

以上より、冤罪をなくそうという議論と、死刑をなくそうという議論は必ずしも土俵を同じくするものとはいえず、冤罪を防止するために「仮釈放のない終身刑」を導入して死刑を廃止しようという意見には論理の飛躍があるといわざるを得ません。

終身刑は受刑者を「死」に向き合わせない

次に、犯罪者は「死刑」を受けて終わりというのではなく、「生きて償うべき」あるいは、「生きて反省させ、更生させるべき」という意見が死刑反対派から出されることがありますが、これは「仮釈放のない終身刑」を導入する理由になり得るのでしょうか。

「仮釈放のない終身刑」を科せられた受刑者は、更生しても仮釈放になることはないため、更生意欲が生まれません。それゆえ受刑者に「生きて反省させて更生させる」ために「仮釈放のない終身刑」を導入することはそもそも矛盾しているといえます。

また、「生きて償う」と言いますが、被害者の遺族の多くは「いったい何を償うのか」と首をかしげておられると思います。

一般的な国語辞典によれば、「償う」とは、埋め合わせることとされています。これを「殺人」に当てはめてみると、「償う」とは、「殺された被害者に再び命を与える（生き返らせる）」ことを意味することになりますが、残念ながらそれは不可能です。実際、大切な家族を殺されたご遺族にとって、「生きて償う」という言葉ほど空疎で虚飾に満ちたものはなく、「死刑」に代わるものとして「仮釈放のない終身刑」を導入することになれば、多くのご遺族は反対するでしょう。

一方で、「死刑囚でも更生可能性がある」「死刑が執行されるときには、死刑囚は本当に罪を償って反省し、仏様のようになっている」というような主張を聞くこともあります。

死刑囚のうち、どれほどの者が反省し、仏様のようになるのか、そもそも疑問に思いますが、仮にそうだとしたら、それは「死刑」を宣告されたことによって、否応なしに「死」と向き合うことになった結果ではないでしょうか。

この点につき、ある無期懲役刑の受刑者は、自らの著書の中で次のように述べています。「終身刑は、社会から凶悪犯罪者を隔離する面では死刑と同じですが、死刑囚は常に死と向き合わされます。そこから被害者の立場に思いを巡らせ、真の反省に至る者が、死刑囚の中にはいるのです。終身刑では、受刑者に『死』と向き合わせることができません」

（美達大和著『死刑絶対肯定論　無期懲役囚の主張』新潮新書）

皮肉なことですが、人を死に至らしめた殺人犯の改心と更生を促すには自らの死と真摯に向き合う機会、すなわち「死刑」が必要であり、かかる観点からも「死刑」を「仮釈放のない終身刑」で代替することはできないと考えます。

刑務所の秩序維持と国家の負担

ところで、「死刑」の代替刑として「仮釈放のない終身刑」が導入された場合、刑務所はどうなってしまうのでしょうか。この点についても少し考えてみたいと思います。

「仮釈放のない終身刑」の受刑者は、刑務所内でどんなに真面目に服役しても刑務所から出ることはできませんし、逆に、刑務所内で新たに犯罪を犯したとしても、極端な例を言えば、他の受刑者や刑務官を殺害したとしても、「死刑」にはなりません。そうなると、当該受刑者は、刑務所内の規則を守ろうというモチベーションもなくなり、ある意味「やりたい放題」となる可能性が高いといえ、刑務所の秩序維持に重大な影響を及ぼすおそれがあると考えられます。

実際、研究者の著書（河合幹雄著『終身刑の死角』洋泉社新書ｙ）によれば、「もともと刑務所内での矯正教育にせよ、あるいは秩序維持の手立てにせよ、結局は『いつか外に出るための準備』を前提としてシステムが構築されており、日常的に受刑者を指導するあらゆる仕組みも究極的にはそれに依存する形で効力を維持してきた」とされています。そして「仮釈放のない終身刑」が導入された場合、刑務所内で「秩序を揺るがしかねない暴発的な行動が起こる危険性を孕むだけでなく、秩序維持をはかるすべての仕組みが陳腐化する恐れさえある」というのです。

また、「仮釈放のない終身刑」が導入された場合、刑務所内で実際に当該受刑者と接することになる刑務官が対応に苦慮することになるという問題も無視できません。

先ほど述べたとおり、「死刑」の代わりに「仮釈放のない終身刑」となった受刑者は、何をしても刑務所の外には出られませんが、他方、何をしてもこれ以上重い処罰を与えられることはありません。そのため、いわゆる「アメとムチ」が効果を発揮せず、刑務官は当該受刑者にどのように対応したらよいのかという問題に直面することになるでしょう。

受刑者が自暴自棄になって刑務所内で規則違反を繰り返したり、反抗的な態度を取って刑務官を困らせ、時には暴力を振るったりするケースも増えると予想されます。そうなった場合、外国とは異なり自衛のための武器を持たず、丸腰で受刑者に対応しなければならない我が国の刑務官は、今以上に大きなストレスを抱えることになるはずです。

そのため、「仮釈放のない終身刑」を導入するのであれば、新たに専用の施設を作ったり、刑務官を大量に増員するなどして対応することになりそうですが、多額の税金をかけてこれらを実行することに疑問を感じる国民は少なくないと思われます。

1人あたりの収容費用は年間約300万円？

さらに、「死刑」の代替刑として「仮釈放のない終身刑」が導入された場合、被害者やその遺族を含む国民が支払った「税金」で犯罪者を生涯養うということになるわけですが、このことについて国民の理解は得られるのでしょうか。

「仮釈放のない終身刑」の導入は、受刑者の高齢化の問題も孕みます。病気になったり、体力が衰えたりして、半ば寝たきりになった受刑者を受け入れてくれる民間のボランティア施設は存在しません。結局は、国が税金を投入して、刑務所内に医療設備を導入したり、建物のバリアフリー化を進めたりすることがほぼ確実に必要になると予想されます。

なお、現在でも、無期懲役刑が確定し、その後、精神疾患などで医療刑務所に収容されている受刑者は多数存在しますが、当該受刑者の多くは既に高齢で、認知障害なども進んでおり、常時介護が必要なケースも珍しくないと聞きます。このような受刑者に対応するため、刑務官が実際に介護を行ったり、看護師が定期的に健康チェックをしたりする万全の体制が整えられているというのが我が国の刑務所の実状です。

公式なものではありませんが日本では受刑者1人あたりの収容費用は、年間約300万円であるという報告がなされています（中島隆信「経済学の視点から見た刑事政策」『犯罪社会学研究』36号）。仮釈放のない終身刑受刑者が高齢になれば、自然と医療費も嵩むでしょうし、死後の埋葬料なども国家が全額負担することになると思われるため、今以上に国の予算が必要になることが予想されます。皆さんはそのために税金を納めることについて素直に納得できるでしょうか。

高齢の受刑者のために刑務所の環境を整備することは、受刑者の人権保護という意味では良いことであろうと思う反面、重罪を犯した人間が国民の支払った税金で手厚い看護を受けているということに私自身は違和感を覚えます。

天と地の違い

以上のとおり、「仮釈放のない終身刑」の導入については、問題点も多く、安易に導入すべきものではないと考えます。ましてや、これを導入することと引き替えに死刑を廃止することについて、被害者の遺族はもちろん、日本国民の大部分の理解を得ることはできないでしょう。

筆者は以前、殺人の被害にあったご遺族から次のようなお話を聞いたことがあります。「殺された家族が戻ってくるなら、犯人を死刑にして欲しいなんて思いません。でも、現実にはもう家族は戻ってきません。それなのに、犯人はこれからも生き続ける。それがどうしても許せないので、遺族としてはやむを得ず死刑を望みます」

「死刑」と「仮釈放のない終身刑」は、いずれも二度と社会に復帰できないという意味では同じですが、遺族にとっては、天と地ほどの違いがあります。そして、加害者が「死刑」にならず刑務所で生き続けることにより、遺族は殺人事件によって止まってしまった人生を再スタートさせることができないまま、今後もずっと苦しみ続けることになるのです。

このようなご遺族の心情に共感する日本国民はおそらく多いと思います。それゆえ、少なくとも我が国においては、「仮釈放のない終身刑」は死刑の代替刑にはなり得ないというべきであり、「仮釈放のない終身刑」を導入したうえで、死刑制度を廃止しようという意見には大いに疑問があります。

冤罪の可能性に死刑賛成派はどう答えるか

川上賢正

取り返しのつかない事態は存在しない

冤罪の可能性があるから死刑は廃止すべきだという意見があります。要するに「懲役刑や罰金刑であればたとえ冤罪であったとしても取り返しはつく。しかし死刑は執行されてしまったら絶対に取り返しがつかない。その誤判の可能性がある以上、死刑は廃止すべきだ」、あるいは、「人間は神ではない、判断を誤ることもある。その過ち（冤罪）を犯さないためには死刑は廃止するべきだ」という論理です。

死刑廃止を主張している日弁連は、死刑判決が出たあとに再審で無罪になった4つの裁判例（免田事件＝1983年無罪判決、財田川事件＝1984年無罪判決、松山事件＝1984年無罪判決、島田事件＝1989年無罪判決）をあげて、冤罪の可能性があるから、死刑にしてはならないと主張しています。

確かに、誤判ないし冤罪は絶対に避けなければいけません。しかし、現行犯のように殺人を犯したことが明白で、冤罪がおこりえない場合でも死刑はあってはならないというのは言い過ぎではないでしょうか。これが死刑反対派への第一の疑問です。

また、日本の捜査当局は、過去の冤罪がなぜ起きてしまったのか、原因を十分に研究したうえで、現在は、取り調べの可視化、科学的捜査方法などの施策をとっています。冤罪防止のために日本の刑事手続きは進化しており、冤罪の可能性は低くなっているのです。

一方で、刑事弁護人も、少しでも冤罪の可能性があれば、無罪を主張し、徹底的に争っていますし、裁判所側もかつてより慎重に審理をしているのが現状です。にもかかわらず、日弁連は死刑廃止の姿勢を崩していません。

では、冒頭で記した死刑反対派（日弁連）が主張するところの「死刑が執行されてしまったあとの本当に取り返しのつかない事態」は実際に存在するのでしょうか。

答えは否です。死刑判決が出たあと、冤罪だとされた事例は前述したように戦後は４件ありますが、いずれも被告人が生きている間に冤罪が認められています。死刑が執行されたあとに冤罪で再審無罪となった案件は、戦後には一例もありません。

つまり、冤罪の可能性がまったくのゼロではないという理由から死刑制度そのものに反対することは、もはや科学的な態度とはいえないのです。

延命のために再審請求

こうした「冤罪」という言葉を盾にとって、死刑判決が確定した場合でも、刑を執行させないために「自分は無実だ」「これは冤罪である」として再審請求を行うことがいまや常態化しています。こんなショックな数字があります。法務省の資料によれば、2019年末の未執行確定死刑囚112人のうち75％にあたる84人が再審請求中だというのです。

本当に冤罪だと思われる証拠で争うなら、それはそれで必要性は認められるでしょう。しかし、この数字をみれば、大半は単に死刑執行をまぬがれるため、つまりは延命のためだとわかります。

2018年にオウム事件の確定死刑囚に死刑が執行された際、「再審請求しているのに死刑執行をすることはけしからん」という意見が出たことがありました。それに対して、法務省は「再審請求と死刑執行とは別個だ」と毅然とした態度をとったのですが、私はまさにその通りだと考えています。

誤判によって2度目の殺人事件が起きる

「誤判」について、視点を変えて考えてみたいと思います。

誤った判断によって被告人が無実の罪に問われるのを避けるのであれば、公平の観点から、裁判で死刑判決にならないことによって、被告人が社会復帰し、その後2度目の殺人事件を起こした事例もとりあげなければいけません。つまり、被害者側からみると、「誤判」によって、中途半端な有期懲役、無期懲役が下され、その後、被告人が娑婆に出てきて、また別の殺人事件を起こした場合です。

前刑で死刑になっていたら2度目の殺人は起こらず、被害者は出ずに済んだはずです。その意味で、再犯によって殺された方とその遺族は、「誤判」の被害者と言えます。

2009年に起きた東京南青山強盗殺人事件もそのひとつです。被告人は、金品を強奪するつもりで、マンションに入り込み、中にいた74歳男性の頸部を包丁で突き刺し、死亡させました。被告人には2人の命を奪って、懲役20年の判決を受けた前科がありました。

もし、最初の犯罪で適正な処罰がなされていれば、この男性の命は助かったはずです。前刑の懲役20年の判決はなんの意味があったのでしょうか。

さて、被告人によって、被害者の命が2度も奪われてしまったわけですが、後の裁判で死刑判決は出たのでしょうか。

死刑を肯定する場合の事情の一つとして、被告人の性格が危険で、刑務所に入っても更生が期待できず、再び殺人事件を起こすことが予期できる場合には、死刑になる可能性が高くなるという点があります。

その意味で、2011年3月に行われた1審の裁判員裁判の判断は妥当なものでした。被告人が過去に殺人事件を起こした前科と、被告人が出所して半年で冷酷非情な犯行に及んでいることが考慮され、死刑判決が出たのです。つまり、裁判員は、「被告人は本当にあぶない人だ。また人を殺してしまう可能性がある」ということを考えたのでしょう。だからこそ、死刑やむなしと、判断したのであり、明瞭で説得力があります。

しかし、裁判員が参加することができない控訴審では、一転して、「前科を重視しすぎている」として、死刑判決は破棄され、無期懲役が言い渡されてしまいました。

その判決理由で、裁判長は「被害者は1人で、当初から殺意があったとは到底言えない」と指摘。「先例の量刑傾向をみると、前科と顕著な類似性が認められる場合に死刑が選択されている」としたうえで、被告の前科である無理心中を図って妻子を殺害した事件と今回の強盗殺人事件は「類似性は認められず」と述べました。

裁判長がわざわざ前科での犯行内容と違うと強弁したのは、実のところ「被害者が1人の場合には死刑にしない」というこれまでの最高裁の見解を考慮したのでしょう。

そして、残念ながら、2015年2月3日の最高裁判決でも、控訴審の判断が維持され、死刑判決は破棄されることとなりました。

最高裁は「死刑は被告の生命を奪う究極の刑罰で、慎重に検討し、どうしてもやむを得ないという根拠を具体的に示す必要がある」と指摘。「過去の判例との詳細な比較は無意味だが、不公平にならないよう十分配慮しなくてはいけない」としましたが、結局のところ、これまでの判決例を踏襲し、せっかくできた裁判員制度に参加した一般市民の判断を退けているのです。最高裁は、これまで裁判員制度を評価し、これを維持することに汲々としていますが、こと死刑になると消極的な態度に終始するのは理解に苦しみます。

前刑の段階で、死刑ないし仮釈放をつけない無期懲役が出ていれば、2度目の事件はおこらず、被害者は殺されずに済みました。その意味では、前刑の裁判官の責任は重いと言えます。しかし、それ以上に、南青山事件の控訴審の裁判官の責任が問われるべきです。

1審の裁判員の判断をどのように考えているのでしょうか。

殺人犯が服役後出所して、また殺人事件を起こしたにもかかわらず、死刑を回避したのです。南青山事件と前科の分をあわせると3人も殺しているのに、極刑にはならないのであれば、一体何人殺されれば死刑になるのでしょうか。

こうしてみてきたように、誤判の可能性をもって、死刑廃止論を述べることは、それ自体、合理性があるものではなく、死刑廃止の「ためにする」議論と言わざるを得ません。

死刑が残虐な刑罰だという主張は凄惨な犯罪に蓋をすること

日本の死刑執行はロング・ドロップ式といわれる方法が用いられています。絞縄を死刑囚の首に施し、ふたで塞がれた穴の上に立たせ、ふたの留め金を外して死刑囚を穴に落とすというものです。落下の衝撃で頸骨が骨折すると、死刑囚は失神して、絶命します。

この方式が、残虐な刑罰にあたるとして、憲法第36条の「残虐な刑罰は、絶対にこれを禁ずる」とした条項に違反しているという主張が従来からなされてきました。現在の日弁連のみならず、国会においても民主党政権時代にはよく議論されてきました。

死刑執行に立ち会った元刑務官が、朝日新聞デジタル（2018年8月26日）で次のように述べています。

翌朝、刑場に付き添いました。所長以下10人ぐらいが並び、所長が「何か言い残すことはないか」と尋ねると、男は「お世話になったみなさんと握手したい」と言いました。

それが終わると、別の幹部が「決まりだからそろそろ行くぞ」と。布で目隠しをされ、後ろで手錠をされると目の前のカーテンがするすると開き、天井から垂れ下がる縄が現れました。

その下に連れて行くと、足元には1メートル四方ぐらいの踏み板があり、僕はそのそばに立っていました。首に縄がかけられ、幹部が合図をすると、ガラス窓の向こうにいる職員3人が3本のレバーを同時に引きました。誰が直接、命を奪ったか分からないようにする仕組みです。バーンという大きな音で踏み板が開き、男は目の前から消えるように落ちました。

このシーンを「残酷だな」と思う人もいるでしょう。しかし、殺害されて残された遺族は違ったことを考えているものです。自分の家族が殺されたシーンです。2人の女性が生きたままドラム缶に入れられ焼き殺されたり、女学生が繰り返し暴行を受けて死亡した末にコンクリートに詰められ遺棄される——。見るも凄惨な場面です。

被害者遺族は、警察から急に呼び出しを受け、霊安室に連れられて、ご遺体に向き合うことになります。とても普通の状態で向き合えるものではありません。さらに、後になって、証拠写真としてご遺体の状態まで確認させられます。普通、ご家族はこのような悲惨なご遺体の写真や現場写真を見ることはできません。絞首刑の現場が残酷だというなら、被害者や遺族が被った事件はどうなのでしょうか。もっと凄惨なものなのです。死刑執行だけが残酷だととりざたされるのはアンフェアと言えます。

大事なことは、死刑執行の前提として、このような悲惨な殺人事件があるということです。その事件の応報として国家がやむを得ないとして死刑を執行しているわけです。ことさらに死刑執行の現場だけが否定されるのは、こういった真実に蓋をすることになります。

裁判員裁判では、裁判官は裁判員に気をつかって、ご遺体の写真などは見せないようにして証拠としては取り扱っていません。いわゆる刺激証拠は排除されるのです。その代わりに裁判員が見せられるのは、刺し傷などをイラストで表現したもので、悲惨な写真を避けているのが現状であり、悲惨な真実から目をそらしています。

繰り返しになりますが、多くの方に知ってもらいたいのは、裁判の発端には凄惨な現場があるということです。裁判員にもそういった現場を把握していただきたいし、裁判官、死刑執行の署名をする法務大臣、死刑執行に立ち会う刑務官にも、なんら落ち度のない人間の尊厳がいとも簡単に踏みにじられた現実があることを思い出してほしいのです。

微罪は重くなり、重大犯罪は軽くなる「少年法」

塩﨑由紀子

数件の万引きをした甲と、強盗に入り人にけがをさせた乙、どちらのほうが重い刑になるでしょうか。

甲には窃盗罪が、また、乙には強盗致傷が成立します。

甲と乙が成年であれば、乙の方が重くなるでしょう。

では、甲と乙が未成年であった場合、どうでしょうか。必ずしも乙が重くなるとは限りません。なぜでしょうか。ここでは「微罪は重くなり、重大犯罪は軽くなる少年法」の処分のあり方をみていきたいと思います。

少年の思考はやわらかい粘土

20歳未満の少年が刑事事件を起こした場合、少年法が適用されます。

少年法第1条はこう規定しています。

「少年の健全な育成を期し、非行のある少年に対して性格の矯正及び環境の調整に関する保護処分を行うとともに、少年の刑事事件について特別の措置を講ずることを目的とする」

この規定からもわかるように、少年法は、今後二度と非行をしないように少年を改善教育することに重点を置いており、少年に対して制裁を加えることを目的としていません。

なぜなら、少年は、「未熟で可塑性に富む」と言われているからです。

どういうことかというと、少年の考え方はやわらかい粘土のように様々な形に変化するということです。回転するろくろの中できれいな形になっていくもの、ユニークな形になっていくものなど、少年の数だけ、様々な形が出来上がります。

ろくろが回っているときに、変に力が入り、いびつな形になってしまうこともあるでしょう。しかし、やわらかい粘土であれば、もう一度手を入れて整えることで、再びきれいな形に戻すことができます。そして、次第に乾燥し固まります。つまり、大人になる、ということです。

非行に走ってしまった少年であっても、少年の性格や環境に見合った教育をすれば、少年は更生することができます。単に制裁として刑罰を科すよりも、少年本人にとって利益が大きいのです。そしてそれは、ひいては社会にとっての利益にもなります。

このような少年の特性から、少年に対しては、将来二度と非行をしないように改善教育する必要があり、制裁を目的とする成年とは違った手続きが設けられているわけです。これが少年法の根底にある考え方になります。

捜査機関ではなし得ない調査

少年に対する処分は、改善教育が目的と述べました。

そのため、少年による非行については、単に非行事実の捜査をするだけでは足りません。少年が育ってきた環境、非行をするに至った背景なども調査し、その原因を解明したうえで、今後どのような環境で生活するのがよいのかについてまで探る必要があります。

それらを行うのが、家庭裁判所調査官という専門家です。調査官は、様々な角度から少年やその両親、学校などに接し、非行にいたる背景を解明していきます。このような調査は、捜査機関ではなし得ません。そのため、捜査機関は、原則としてすべての事件を家庭裁判所に送致しなければなりません。これを「全件送致主義」といいます。

家庭裁判所では、調査官による調査を経て、裁判官が、送致を受けた事件について、非行の内容だけでなく、「要保護性」（少年が再び非行を行う危険性があるかどうか）について判断し、少年に最も適した処分をします。

次に、少年に対する処分の内容をみていきましょう。

少年が非行を行ったかどうかわからない場合や、少年の「要保護性」が認められない場合には、〝処分をしない〟という不処分決定が下されます。

他方で、少年が非行を行ったことが間違いなく、「要保護性」が認められる場合には、保護処分決定が下されます。保護処分決定には、「保護観察」、「児童自立支援施設・児童養護施設への送致」、「少年院送致」などがあります。また、少年に「心身に著しい障害」がある場合には、「医療少年院」に送致されます。

裁判官は、その少年を改善教育し、将来再び非行を行わないようにするために、どの処分に付すことが最も適当かという観点から決定しており、少年がどのようなことをしたかは、「要保護性」を判断するための重要な一要素になるものの、保護処分の選択にあたって果たす役割は間接的なものにとどまっています。

刑罰ではない「少年院送致」と刑罰を科す「逆送」

いま述べた保護処分は、刑罰ではありません。そもそも、家庭裁判所には審判において少年に刑罰を科す権限はないのです。少年院送致であっても「改善更生」と「円滑な社会復帰」が目的とされています（少年院法第1条）。

少年に対して刑罰を科すのが相当と判断した場合には、検察官送致、いわゆる「逆送」決定がなされます。逆送決定がなされると、成人による刑事事件と同様に手続きが進みます。少年法第20条にはこう定められています。

「死刑、懲役又は禁錮に当たる罪の事件について、調査の結果、その罪質及び情状に照らして刑事処分を相当と認めるときは、（中略）検察官に送致しなければならない」。なお、これは、14歳以上の少年について、逆送決定をすることができるとの規定です。

そして、「故意の犯罪行為により被害者を死亡させた罪」、例えば殺人罪や傷害致死罪などを犯した少年が、犯行時16歳以上である場合には、原則として検察官送致決定をしなければならないとされています。

とはいえ、やはり少年に対しては、特別の配慮がなされています。

たとえば、非行時に少年が18歳未満の場合は死刑を科すことはできず、無期刑を科すものとされています。また、無期懲役が規定されている犯罪であっても、有期懲役または禁錮を科すことができます（少年法第51条）。

懲役・禁錮についても、「懲役○年」という定期刑を科すことができるほか、「懲役○年以上○年以下」という不定期刑を科すことが認められています（少年法第52条）。

この不定期刑が認められている理由は、少年が刑を受けている間、改善の度合いに応じて柔軟な対応ができるようにするためです。

少年法への〝違和感〟

はじめに挙げた例でも、たとえば、甲は家庭も学校も監督を期待できない、被害弁償もできない、本人の反省がないといった場合では、少年院送致になることもあり得ます。

他方で、乙は家庭による監督が期待できる、学校や就労先での監督が期待できる、被害弁償が済んでいる、本人が反省しているといった場合には、保護観察になることもあり得ます。乙が「逆送」され、刑事裁判を受けたとしても、執行猶予が付くことはあり得ます。

さらに、執行猶予期間中は、自由に生活することもできるのです。

結局は、少年法の下では、重大犯罪よりも軽い犯罪のほうが、処分として重くなってしまうという逆転現象が起きてしまうこともあるのです。

この結果について、違和感はないでしょうか？　なぜ、犯してしまった罪の内容と、その処分が比例しないのでしょうか。この結果で納得できるでしょうか。

特に、被害者の立場を考えた場合、その気持ちはなおさら強くなるでしょう。被害者にしてみれば、少年がどのような処分を受けようとも、被害を受けたという結果が変わることはありません。被害のない過去には戻れません。だからこそ、少年に対して罪の重さに見合った「罰」を与えてほしいと思うのではないでしょうか。

少年Aが投じた一石

少年法は、平成に入り、度重なる改正がなされています。そのきっかけの一つになった事件は、「神戸連続児童殺傷事件」です。少年Aが使った「酒鬼薔薇聖斗」という名前を一度は聞いたことがあると思います。当時14歳の中学生だった少年Aが、小学生2名を殺害し、3名に重傷を負わせた事件です。ごく普通にみえる中学生が、きわめて凄惨で、残忍な事件を起こしたことに、大きな衝撃が走ったのを覚えています。

この当時、先にお話しした「逆送」決定は、16歳以上の少年にしか適用されませんでした。そのため、この事件では、「逆送」して刑事裁判をすることができず、医療少年院に送致する決定が出されるにとどまりました。

少年であれば処罰されない、少年なら何をやっても許されてしまう。このような状況が如実になった事件でした。

この「神戸連続児童殺傷事件」をきっかけに、少年法は改正されるに至ったのです。

現在、少年法の対象年齢を18歳未満に引き下げる法律改正の是非が議論されています。2018年の民法改正では、成人年齢が18歳に引き下げられ、18歳以上は「大人」として扱われることになりました(2022年4月1日施行)。

少年による凶悪犯罪が後を絶たない昨今、民事だけでなく、刑事的にも、その責任を自覚させることが必要だと考えます。それによって、少年による犯罪に対する抑止力になるのではないでしょうか。

加害者に甘く、被害者に厳しい少年法の現状を打ち破るべきではないでしょうか。

［参考文献］
川出敏裕著『少年法』有斐閣
横浜弁護士会犯罪被害者支援委員会編「犯罪被害者支援の手引き」
大阪弁護士会・犯罪被害者支援委員会編「犯罪被害者支援マニュアル」
少年犯罪被害当事者の会提出意見書(令和2年1月30日)

第2章　死刑反対派と世間のギャップ

再犯防止に司法は無頓着

上谷さくら

被告人は心から反省していない

死刑事案に限らず、法廷では被告人の「再犯可能性」や「更生可能性」が論じられます。被告人は、「被害者の方に大変申し訳ないことをしました。反省しています。二度と再犯しません」、「家族のためにも更生することを誓います」としおらしく宣言します。その時は、本当にそう思っているのかもしれません。二度と逮捕されたくない、美味しいご飯を食べたい、自由に友達に会いたい、仕事を失いたくない、ということを実感しているのでしょうから。

しかし、私自身、それなりに被告人の刑事弁護をしてきた経験からすると、彼らの多くが本当に「反省」するには至っていないと感じています。弁護人として接見した際、「被害者に対し、どう思っているの？」と尋ねても、ほとんどの場合、「悪かったと思っています」という程度の返事しか返ってこないからです。

「具体的にどう悪かったと思う？」と再度尋ねて、「怖い思いをさせたと思う」「色々と迷惑をかけた」という答えが返ってくればまだいい方で、次にあげるように「実際には自分が犯した罪に向き合えないのだな」と感じることが度々ありました。

逮捕され、起訴されて被告人になると、仕事を失ったり、離婚したり、家族や友人の信頼を失うことになります。そのことについて「後悔はしている」と感じます。でも、それは「反省」や「悔い改める」こととは次元の違う話です。要するに、「こんなことになってしまって、自分や家族が可哀そう」という後悔に過ぎないのです。

被告人の関心事は、もっぱら自分のことです。接見で聞かれることは、「執行猶予がつきますか?」「何年くらい刑務所に行くことになりそうですか?」という「量刑」に関することや、「会社にバレずにすみますか?」「仕事はクビになりそうですか」という「今後の稼ぎ」についてのこと、「○○に面会に来るように言ってください」「△△に差し入れを頼んでください」という「今の生活条件の改善」に関わることなどなど。

「キャバクラ嬢のA子ちゃんに手紙を書いたので渡しておいて」「家に残してきた猫に餌をあげてきて」などという、弁護活動とは無縁なことを頼まれた経験のある弁護士は、数多くいるはずです。

なかには、そんな被告人に対し、心から反省するよう話をし、裁判が終わった後の生活環境を整えるために奔走する弁護人もいます。しかし、多くの弁護人は、そんな被告人に手を焼き、「判決が終わったらもう関係ない」とばかりに、放り出してしまうのです。被告人弁護の多くが国選であり、報酬が少ないことからすると、やむを得ない面があるかもしれません。

また、被告人に対し、「人としてあるべき態度」などを説いてしまうと、機嫌を損ねられてしまい、弁護士会に懲戒請求される恐れがあります。真っ当な弁護活動をしていれば、仮に懲戒請求されても実際に懲戒されることはありませんが、それでも様々な手続きに対応しなければならず、弁護士にとっては精神的に負担が大きいのです。ですから、「懲戒請求されないようにしなければならない」という心理が働くのも無理はありません。

その結果、弁護人は法廷でも、「被告人に再犯の恐れは全くありません」などと、根拠なく述べることになります。内心、「またやるだろうな」と思っていたとしても、決して口に出しません。そんなことを言ったら、被告人から懲戒請求されるかもしれませんし、刑事弁護の本には「再犯の恐れがないことを言うべし」と書いてあるからです。そして、判決が言い渡されたらお役御免です。

「前科はない」は本当か？

では、裁判官は何を見て、どう判断して判決を下しているのでしょうか。

裁判官が被告人と接するのは法廷だけです。被告人が法廷で話すことや、検察官、弁護人が請求する証拠をもとに判決を下します。

法廷での被告人は「真面目に反省している自分」「生い立ちが不幸な自分」「家族に迷惑をかけて、自責の念に苛まれる自分」を一生懸命アピールします。

しかし、被害者に対する気持ちとなると、「申し訳なかったです」「謝罪文を書きました」という程度で、なかには、ふてくされた態度で、「悪かったと思いますよ！」と言い放つ被告人もいるほどです。これでは、被害者から見ると、「全く反省していない」「自分のことばっかり言って」ということになります。

それでも、判決文には「被告人は罪を認めて、被害者に謝罪の言葉を述べた」「被告人は一応、反省の気持ちを述べた」などと書かれ、それが「被告人に有利な事情」とされてしまいます。

また、裁判官は、被告人に直接質問することができますが、多くみられるのが「もう二度としませんね？」というものです。

被告人は「二度とやりません」と言います。刑を軽くしてほしいのですから、当たり前でしょう。これを根拠に「被告人に再犯の恐れはない」と判決文に書く裁判官もいるのです。

はたして、こんな空々しいセレモニーが本当に必要なのでしょうか？

余談ですが、私が傍聴したある裁判で裁判官から「二度としませんね？」と聞かれ、「……正直なところ、自信がありません」と答えた被告人がいました。私は内心「あー、やってしまった。弁護人は大変だ」と思いましたが、その人は本当に一生懸命考えて、自分の犯した罪に向き合った結果、正直に答えたのだろうと思います。でも、どうして自信がないのか、今後どうすればいいのか、などについてはあまり聞かれることなく裁判は終わってしまいました。

それから、判決文によく出てくる「前科がない」ことが被告人に有利な事情とされていることも疑問です。

多くの国民にとって「前科がない」のは当たり前です。

しかし、前科があれば刑が重くなるのは当然ですが、前科がないからといって、それを被告人に有利な事情とすべきではありません。しかも、「前科の捉え方」がそもそも国民が納得するようなものではありません。

なぜかというと、「前科がない」というのは「これまでに罪を犯したことがない」とイコールではないからです。法廷で、被告人は余罪を自供することがあります。時間が経っていたり、証拠がなかったりして、立件できなかったものです。そうした場合には、以前から長年にわたって同様の犯行を繰り返していたけれど、単に捕まらなかった、それだけ手口が狡猾であり、泣き寝入りした被害者がたくさんいたということなのです。

また、起訴されている事実が複数あり、まとめて審理する場合もあります。これは、「余罪」と違って、証拠があり、時効にもかからず、立件できたということです。その場合も、長きにわたって犯行を繰り返していたことは同じです。

ところが、いずれの場合も、判決文に、被告人に有利な事情として「前科がない」と書かれることがあります。

しかし、これまで捕まらなかったために、「初犯」であって「前科がない」という考え方は法曹界にしか通用しません。

このような判決に直面したある被害者が「判決ってコピペなんですね」と言いました。

その指摘の通りだと思います。裁判官が特にその点について深く考えて判決を下しているようには思えません。単に「前例だから」「みんなそうしているから」という理由で書いているだけだと感じます。

そして判決を言い渡したら、その裁判官の仕事は終わりです。その後のことは一切知ろうともしないのです。

では、検察官はどうでしょうか。

検察官は、被告人の有罪を立証し、裁判の最後に「被告人に懲役○年を求刑する」という「求刑」を行います。求刑は、各犯罪類型の「量刑相場」の範囲で決まります。ほとんどの被害者は「軽い求刑だ」と感じます。しかし、検察官は求刑を決める際、必ず上司の「決裁」が必要なので、個人的に重い求刑をしたくてもできないという組織上の事情があります。

そして、検察官は「求刑」したら、基本的に自分の仕事は終わりです。

つまり、裁判が終わると、弁護人も裁判官も検察官も、その後の被告人にはほぼ関わらないということです。

被告人のその後に誰も責任を取らない

弁護人は「再犯の恐れはない」と言い放ち、判決が言い渡されたら仕事は終わりと前述しました。ですから、被告人がどこの刑務所に行くのかについて知りませんし、知らされもしません。私は、自分が弁護した被告人に対し、「刑務所に入ったら手紙書いてね」と言うようにしていました。手紙をもらえば、どこの刑務所に入ったのかが分かるからです。そして、その人と文通をします。なぜそんなことをするかというと、私もご多分に漏れず「再犯の恐れはない」と法廷で述べており、自分が言ったことについて責任を感じつつ、その後の被告人の人生が気になるからです。

文通くらいで、更生できるとは思えませんが、「弁護士と手紙のやり取りをしているうちは、横道に逸れないでいてくれるのではないか」という期待もあります。国選弁護人の仕事は終わっているのでボランティアになりますが、文通であれば、時間もお金もそれほどかかりません。私は、その程度のことは弁護士であればみんなやっているだろうと思っていました。被害者支援をライフワークとする私ですらやっているのですから。

ところが、私が文通している受刑者たちに、「他の受刑者の人たちには、弁護士から手紙が来ていますか?」と尋ねると、「誰も来ていないみたいです」と判で押したような答えが返ってきます。

つまり、ほとんどの弁護士が、被告人のその後について、関心もなければ責任も感じていないということです。その人が再犯したのかも当然知りません。自分の弁護活動が正しかったのか、検証する機会を持たないまま、そして今日も「再犯の恐れはありません」と法廷で述べているのでしょう。

同様に、被告人の人生を決める重要な判断をしている裁判官も彼らのその後に関知しません。特に執行猶予をつける場合、「今回に限り、社会内での更生が適当と判断した」などと言うのですが、執行猶予中に再犯しても、裁判官はその事実すら知る機会はありませんし（大事件を起こして報道されれば分かります）、執行猶予を付けたことが結果的に誤りだったという責任を負うことは一切ありません。

執行猶予中の再犯によって被害を受けた人は、「執行猶予をつけた裁判官は何を考えているのか？」「裁判官はなぜ自分の間違いを認めて、責任を取らないのか？」と言います。それは、国民として当たり前の感覚です。企業の場合、自社の製品になんらかの欠陥があれば、すぐに商品を回収してお詫びします。賠償することもあります。企業の対応が悪ければ、消費者は不買運動も出来るし、株価が下がる要因にもなります。

しかし、裁判官は責任を取りません。「悪いのは、執行猶予をつけてあげたのに、それを裏切った犯罪者」くらいにしか考えていないのでしょう。裁判官が責任を取らなくても、国民は、その裁判官の裁判を拒否することはできませんし、裁判官の給料は下げられないことが憲法で定められているので、裁判官に不利益はありません。

つまり、裁判官自身、自分の判決が正しかったかどうかを検証する機会は全くなく、それが間違っていたとしても是正されることもないということです。全ての理不尽が、被害者だけに降りかかってくるのです。

なお、被告人のその後を知らないのは、検察官も同じです。自分の求刑が正しかったのかどうか、事後に検証する機会はありません。おそらく、上司のチェックを経ているので、それでもう大丈夫、と思っているのではないでしょうか。

最後は刑務所に丸投げ

このように、司法が「被告人のその後」に全く関わらないから、再犯は減らないのです。あとは全部、刑務所に丸投げです。「刑務所に入れれば真人間になって社会に戻ってくる」と信じている人もいるかもしれませんが、更生はそんなに簡単なことではありません。

司法が、「被告人のその後」に関われば、いかに更生が難しいのか分かるでしょうし、簡単に「再犯の恐れはない」なんて言わなくなるでしょう。

判決が言い渡されるまでが仕事なので、弁護人の中には、「本当はやっているけれど、無罪になりさえすればいい」「刑が軽くなるなら嘘をつけばいいのだ」と言わんばかりの弁護活動をしている人もいるように感じます。しかし、そんなことをしても、本人のためになりません。反省する機会を失い、再犯の可能性が高まるからです。

「被告人の利益」とは何か、もっと根本的に考えるべきです。

被告人が更生しないと、また新たな被害者が生まれてしまいます。被告人の更生は、国民の願いでもあるのです。

「弁護士」が陥る単一的な「正義」の落とし穴

川本瑞紀

「二回試験」に合格するための勉強

司法試験に合格した人が、その後、どのようにして弁護士になるかご存知でしょうか？弁護士だけでなく裁判官・検察官のいずれかになるためには、司法修習をしたうえで、さらに国家試験に合格しなければなりません。

司法修習は、埼玉県和光市にある司法研修所で行われる「集合修習」と、各地の裁判所・検察庁・弁護士事務所で行われる「実務修習」があり、学ぶ科目は「民事裁判」「刑事裁判」「検察」「民事弁護」「刑事弁護」の5科目です。

修習の最後には、この5科目について「司法修習生考試」という試験があります。これは、通称「二回試験」と呼ばれるものです。

司法修習生は、二回試験に合格しなければ、裁判官にも検察官にも弁護士にもなることができません。

司法試験に受かった結果を無にするわけにいきませんから、司法修習生は、司法研修所で配布される教科書をもとに、その科目の答案の型を覚え、二回試験に合格するための勉強をするのです。

「刑事弁護」の教科書には主に逮捕後起訴前の段階における身柄解放に向けた活動の仕方と起訴後の無罪獲得に向けた活動が載っています。二回試験では、慣例として、無罪判決が出た事件を扱った問題が出されるので、当然、無罪の結論で書かなければ合格になりませんから、教科書にもそのための方法が載っています。

では、なぜ司法研修所の「刑事弁護」では、無罪を勝ち取るための勉強をするのでしょうか。

罰金刑は人からお金を奪い、懲役刑は人から自由を奪い、死刑は生命を奪います。これらは、すべて財産権・自由権・生命といった個人の人権を国が侵害する行為です。

また、冤罪によって、理由なく自由を失ったり、生命を失うのは、国家による人権侵害の最たるものです。たとえば戦前には、小林多喜二が拷問によって死亡するなど、国家による殺人が横行していました。

そのため、現在では、このような歴史を反省し、国の最高法規である憲法には、法が定めた手続によらなければ処罰されない適正手続の原則と弁護人選任権が定められています。

今でも、憲法や刑事訴訟法上、国家権力と対立してまで被告人が冤罪によって処罰されることを防ぐことができるのは弁護人に限られます。もちろん、弁護人の能力不足によって無実の人が処罰されることがあってはいけません。

つまり、そのために「刑事弁護」の科目では、無罪を取ることに主眼が置かれているのです。

また、「刑事弁護」の科目では、教科書には載っていない「刑弁スピリット」も口伝されます。これは、被疑者・被告人の身柄を解放し、身体的拘束を最小限にするために、報われる可能性がどんなに低くとも、ありとあらゆる手段を尽くす精神のことです。

普段の生活では意識されないことでしょうが、警察・検察は国家権力です。そうした組織に対して、弁護人が被疑者・被告人の身柄を解放するために、勾留理由開示・勾留請求却下を求める意見書などの書面をスピード勝負で反射的に提出することができるよう精神論としてすり込んでおくのはある意味で当然のことかもしれません。

「弁護士」と「弁護人」は違う

ここで明確にしておきたいのが、「弁護士」と「弁護人」の違いです。一緒だと思われるかもしれませんが、実は、イコールではありません。

「弁護人」とは、特定の刑事事件において被疑者や被告人の弁護をする者を指します。「弁護士」であっても、私選弁護人として依頼を受けたり、国選弁護人として国から選任されなければ弁護人ではありません。つまり、弁護人とは依頼人の利益のために弁護活動をするのであって、自分が弁護人となっている事件以外については、弁護士個人としてどのような立場で物を考えても自由です。

先ほど、刑弁スピリットについて述べましたが、刑事裁判の登場人物は、被告人・弁護人チームだけではありません。当然、検察官も、裁判官もいます。被害者参加制度ができてからは、被害者も事件の当事者として法廷にいることもあります。そこには、それぞれの登場人物にとっての正義があります。

刑事裁判そのものも被告人・弁護人チームのためだけに存在するのではありません。刑事訴訟法第1条は、「この法律は、刑事事件につき、公共の福祉の維持と個人の基本的人権の保障とを全うしつつ、事案の真相を明らかにし、刑罰法令を適正且つ迅速に適用実現することを目的」としています。

刑法自体も、犯罪をしていない人を処罰しないという面だけではなく、被害者の利益などの法益保護、社会秩序の維持などを目的としています。

つまり、刑事裁判では、登場人物それぞれに正義があり、それぞれの正義には、それぞれの理由があるのです。

ですから、弁護人の正義という単一の視点のみで、ものを考えることは明らかに一面的なのです。

しかし、弁護士の多くは、「弁護人」という視点からものを考えることに陥りがちで、それのみが正義であると思い込んでしまっています。

こんな事例がありました。2019年3月に性犯罪事件で4件立て続けに無罪判決が出ました。これを契機に、フラワーデモ（性暴力根絶を目指すデモ）が始まったのですが、第1回のフラワーデモが告知された際、それらの事件の弁護活動には関与していない弁護士らが、デモの参加者や賛同者を揶揄し、ツイッターが炎上しました。弁護士らの罵倒といってもいいようなツイートは、「判決全文を読まないのに無罪判決を批判すること自体が不当である」という思想があったように思われます。

しかし、その時点では判決文は公開されていませんでしたから、無罪判決を批判することが不当と言っている弁護士も、判決全文を読んだわけではありません。つまり、どちらも内容を知らない段階にもかかわらず、「無罪判決を批判することはダメ」だが、「無罪判決を批判する人を批判するのはＯＫ」ということになってしまいました。

また、「無罪推定の原則」を根拠にする人もいましたが、だからといって、無罪判決を受けた元被告人が、その判決を批判されない権利を得るわけではありません。

どうしてそのような発想になるのでしょうか。

おそらく「有罪率が98％を超える現状では、無罪判決はめったなことでは出ない。貴重な無罪判決を批判してはならない」という感覚なのかもしれません。しかし、それは一般市民にとっては、弁護士集団の中だけの〝閉ざされた常識〟にしかみえないでしょう。

弁護士が刑事弁護を特別視する理由

ツイッターの炎上は、若手の弁護士を中心に起こりましたが、弁護士の「弁護人の正義だけが正義である」と思い込んでしまう現象はベテラン弁護士に一層顕著です。

実は、弁護士自身が、弁護士＝弁護人と考えてしまう背景には、先ほど述べた憲法・刑事訴訟法に由来するもののほか、歴史的なものがあります。

明治時代、弁護士に相当する職業は「代言人」と呼ばれ、その地位は高くありませんでした。そのような状況のなかから、刑事事件の弁護人として被疑者・被告人の権利の拡充を得ていく過程で、プロフェッションとして社会的地位が向上していきました。官尊民卑の時代に、国家と対等の地位で被告人を弁護して論陣を張ることは画期的であり、そのような卓越した能力を持つ者が代言人組合の要職に就くのは当然だったと言えましょう。刑事事件の弁護人として研鑽を続け、刑事弁護について優れた能力を持つ者が尊敬される土壌が育っていったのです。

弁護士の業務の中で、刑事弁護が特別視される姿勢は、日弁連の規程にも現れています。まず前提として、弁護士は国の監督を受けません。なぜなら、国が起訴・有罪判決を下す権限を持っていることに対して、弁護人は憲法上保護されている被疑者・被告人の権利を守る立場にあるからです。そのため弁護士は、弁護士会の自治によって自らを律しています。その義務を定めたのが日弁連の「弁護士職務基本規程」というものです。

この規程は、弁護士の仕事には一般民事・家事など多様な事件があるにもかかわらず、刑事弁護についてのみ「刑事弁護における規律（第4章）」を特記しています。

このなかにある弁護士職務基本規程第46条は、「弁護士は、被疑者及び被告人の防御権が保障されていることにかんがみ、その権利及び利益を擁護するため、最善の弁護活動に努める」としています。

しかしながら、前述したように特定の事件について「弁護活動」ができるのは、弁護人のみですから、本来は、「弁護士」ではなく「弁護人」とか、あるいは「弁護士が刑事事件を受任し又は選任された場合は」にならなければいけません。つまり、弁護士職務基本規程ですら弁護士と弁護人との区別が曖昧なのです。

このように、司法研修所で被疑者・被告人の身柄を早期に解放したり、無罪を勝ち取ることが「弁護人の正義」であると学んだ弁護士は、弁護士会の公益活動などを通じて、先輩弁護士から薫陶を受けることなどで、さらにその考えを強化していくのです。

犯罪被害者は「被告人の防御に困難をきたす」存在

犯罪被害に遭った方から、「弁護士を探そうと思って罪名で検索すると、加害者側の弁護士のホームページばかりが出るのです。被害者側で仕事をしている弁護士はあまりいないのですか」と聞かれることが非常によくあります（実際には、最近は増えているものの、まだまだ少ないのが現状です）。

社会契約論には、国民に仇討ちを禁止する代わりに、国家が刑罰権を行使するという考え方があります。刑事裁判において、犯罪被害者の応報感情は国が肩代わりするものであるから、犯罪被害者支援は検察官の仕事であり、弁護士が考えることではないという考え方が、長年、弁護士の中にはありました。

しかし、2007年、刑事訴訟法が改正され、犯罪被害者が公判に参加する被害者参加制度ができました。弁護士が、被害者参加人から委託援助を受けて、被害者側の業務を行う被害者参加弁護士の制度も刑事訴訟法に設けられ、「被害者のことは検察官が考えればよい」という時代は終わりました。

ただ、被害者参加制度が始まってまだ10年です。司法研修所の教科書にも、被害者参加制度の記述は骨子しか書いてありません。

むしろ、弁護士の中には、刑事裁判に犯罪被害者が参加すること自体、反対する人が少なくありません。2007年の刑事訴訟法改正で、被害者参加制度が新設された際、日弁連は「現時点において直ちに被害者参加制度を導入することは刑事裁判の本質に照らし将来に取り返しのつかない禍根を残すことになると思料する」とまで述べた意見を国会に提示しました（現時点でも日弁連は撤回していません）。この意見には、弁護士は、被疑者・被告人の利益だけを考えるべきであるという考え方どころか、犯罪被害者のことを「被告人の防御に困難をきたす」存在と捉える思想が現れています。

『星の王子さま』に出てくる大人たち

弁護人としての正義が、刑事訴訟における正義のひとつであることは間違いありません。しかし、それだけでは、あまりに一面的です。

前述したように、刑事訴訟法は、「公共の福祉の維持と個人の基本的人権の保障とを全うしつつ、事案の真相を明らかに」することを目的としています。つまり、弁護人の正義は、被告人の利益を守ることだけに立脚しており、「公共の福祉の維持」や「事案の真相を明らかにする」という目的を見落としている、あるいは故意に軽視しているのです。

なぜ、事件の当事者である被害者の慟哭は、目に入らないのでしょうか。

『星の王子さま』では、王子さまが旅の途中で立ち寄った星々で、ひとりで星の数をかぞえる実業家や、地図を作る地理学者が登場します。それぞれの大人たちは、王子さまの言葉に耳を貸さず、自分の仕事は他の仕事とは違う崇高なものだと信じていました。

弁護士が「弁護人としての正義」だけを声高に主張するとき、私は、王子さまがみた小さな星の大人たちを思い出すのです。

〔参考文献〕
司法研修所編「刑事弁護実務（平成18年版）」
大野正男著『職業史としての弁護士および弁護士団体の歴史』日本評論社
日本弁護士連合会弁護士倫理委員会編著「解説　弁護士職務基本規程（第３版）」

刑事弁護人も「本当は死刑」と思っている?

田島寛之

最善の弁護活動に努める

テレビや新聞で、刑事弁護人は無罪や無期懲役刑を主張していたけれど、死刑判決が出たという報道に接したことがある方も多いと思います。

では、すべての刑事弁護人は本当に心の底から被告人を死刑にすべきではないと思っているのでしょうか。

「本心ではこんなひどいことをするやつは死刑になっても仕方がないと思いながら、被告人から絶対死刑にはなりたくないと言われて、やむを得ず被告人に言われるがまま主張している刑事弁護人もいるんじゃないか」と思われる方もいるかもしれません。

この疑問にお答えするには、まず日弁連が定める弁護士としての道徳や倫理が書かれた弁護士職務基本規程（職務基本規程）の中の「刑事弁護の心構え」（第46条）について説明する必要があります。

職務基本規程第46条には、「弁護士は、被疑者及び被告人の防御権が保障されていることにかんがみ、その権利及び利益を擁護するため、最善の弁護活動に努める」と書かれています。つまり、「弁護士は被疑者被告人のために最善の弁護活動に努めなさい」ということです。

ということは、弁護士がひとたび刑事弁護人として依頼を受けた以上は、被告人から「絶対に死刑になりたくない」「死刑を回避して欲しい」と言われた場合、たとえ心の中では、「ここまでひどいことをして死刑になりたくないなんて虫がいいやつだ」「これまでの量刑の傾向からしてこれは死刑判決が出るだろう」と思っていたとしても、刑事裁判の中で死刑が妥当だということは主張してはいけないということになります。

もし、被告人の意思に反して刑事弁護人が勝手に死刑と主張してしまった場合は、被告人にとって「最善の弁護活動」ではないため、被告人からクレームが入った場合、所属する弁護士会から懲戒処分を受ける可能性があります。弁護士は弁護士会に所属していないと仕事ができないので、弁護士会から懲戒処分を受けることは避けたい。

ですので、自分の本心と切り離して刑事弁護人として死刑にすべきではないと主張する弁護人が存在してもおかしくありません。

個人的な良心は二の次

一方で、「弁護士は、真実を尊重し、信義に従い、誠実かつ公正に職務を行うものとする」（職務基本規程第5条）というルールもあります。

そうだとすると、本当は刑事弁護人も被告人は有罪で死刑が妥当だと思っているのであれば、真実を尊重して、無罪や無期懲役などと主張してはいけないのではないかという疑問がわいてくると思います。

これについては、そもそも刑事裁判では、被告人の有罪や量刑事実を証明する責任は検察官に課されているため、刑事弁護人が積極的に真実を明らかにしないといけないというわけではないという制度の仕組みからの説明が可能です。

ですので、極端な話として、刑事弁護人が、もし被告人から、「本当は自分が殺したんだけど認めたくない、無罪を主張して欲しい」と頼まれた場合は、事件の見通しや無罪を主張することによるデメリットは説明するけれども、それでも気持ちが変わらない場合は、その意思に反する弁護活動はできず、法廷で無罪を主張するということになります。

このように、刑事弁護人は、個人的な良心・信念・法律上の見解を優先させるのではなく、被告人の権利や利益を守るために最善の努力をしなければならないというルールの中で、時には一人の人間として、気持ちが揺れ動いたり悩みながら弁護活動をしているという実情があります。

日本の宗教界の見解は？

川上賢正

死刑廃止シンポに宗教家が参加

弁護士の世界の話ではありませんが、私は長年、日本の宗教界・宗教家は死刑制度に対してどう向き合っているのか気になっていました。

これまでに日弁連の死刑廃止シンポジウムでは、パネリストの1人に宗教家が入り、死刑廃止を主張してきたことも影響しているかもしれません。また、2019年3月2日の日弁連主催の死刑廃止シンポでも、ローマカソリック教会枢機卿が死刑廃止論を述べています。

では、仏教界はどうなのか。浄土真宗「真宗大谷派」は、死刑が執行される度に反対意見を出しているため、これまで死刑廃止に熱心といわれてきました。しかし他の仏教宗派は、これまで死刑存置に対して明確な意思表示をしていませんでした。

そんななか、2020年1月30日には、仏教主要59会派が加盟する全日本仏教会が、「不殺生の教えと矛盾する」として死刑に反対すると事前に新聞で報じられました（東京新聞他2020年1月30日付)。

この新聞報道ないしシンポのやりとりをそのまま鵜呑みにすると宗教家は皆、死刑反対派なのかと思ってしまうところですが、実際にはそうではないことがわかってきました。

確かに、キリスト教が浸透しているヨーロッパでは、EU加盟国になるためには死刑廃止国にならないといけないことからも、キリスト教は死刑廃止に積極的と言えるかもしれません。

しかし、前述した全日本仏教会の社会・人権審議会での死刑反対の答申は、「仏教の教義と死刑が相いれないことは明白である」とするも、「いのちの問題として仏教者間で死刑についての問題を共有し、社会全体とのより一層の議論を深めていくことを期待し、答申とする」といっているだけで、「死刑廃止」の一言もありません。前述の新聞報道は正しくありませんでした(「月刊住職」2020年4月号)。

つまり、日本の宗教界は死刑廃止で一致しているわけではないようです。

「遺族に〝ダメ〟とは説諭できない」

8割が死刑賛成であると世論調査で出ている国民感情に対し、宗教家はおおっぴらに死刑を廃止すべきだと啖呵を切れるのか疑問に思い、日頃、庶民と接している町中のお坊さんに、「死刑制度に反対ですか」と聞いてみることにしました。

ときには「もし、殺人事件の被害者の葬式をあげているときに、被害者遺族が、被告人には死刑になってもらいたいと思っていると言われたらどう答えますか？『死刑はダメですよ、被告人に死刑を望んではいけない』と面とむかって説教できますか？」と意地悪な質問もしてみました。

すると、みなさん一様に押し黙ってしまったものの、飲み仲間で気心が知れたあるお坊さんが重い口を開いてくれました。

そのお坊さんいわく、「宗教上、『殺生』は許されません。国家だからといっても殺生は認められません。だから、死刑は廃止されるべきです。しかし、説諭の際、遺族にむかって『死刑はダメですよ、死刑を望む気持ちがダメです』と死刑廃止を遺族に説明する力量が私にはない」と吐露してくれました。

さらに、他のお坊さんに違う質問をしてみました。「もし貴方のご家族が殺人で殺された場合、貴方はどう思いますか。殺したいと思わないですか。私にそんな事件が起きたら、私は加害者を殺したい。少なくとも死刑になってほしいと願っています」というまたもや意地悪な問いです。それに対しては、沈黙が続き、明確な答えは得られませんでした。

つまり、死刑制度については、観念論ではなんとでも言えるのですが、被告人を死刑にしてほしいという遺族の切なる願いに答える言葉はお坊さんといえど持ちえないのです。

それが日本における宗教家の一般的な感覚ではないでしょうか。ことに、特定の偉いお坊さんではなく、日頃庶民と接している世俗の中のお坊さんでは、こんな感覚が一般的ではないでしょうか。

仏教界トップの観念論

では、日本の仏教界での偉い人たちはどう思っているのか、ペーパーにしたものを探しました。そうすると、先程とはかなりニュアンスが違います。世俗と関わりあっているお坊さんとは意識が違うなというのが私の感想です。

先程の仏教会の人権審議会での答申（2019年12月2日）では「釈尊がお示しになられた『己が身にひきくらべて、殺してはならぬ。殺さしめてはならぬ。』という不殺生の教えにもあるように、仏教の教義と死刑が相いれないことは明白である。（中略）大切な家族のいのちを奪われた被害者遺族が『極刑をもって償わせたい』という感情を抱くことは無理からぬことではある。しかしながらその上で『およそ怨みに報いるに怨みを以てせば、ついに怨みの息《や》むことない。怨みを捨ててこそ息む、これは永遠の真理である。』と釈尊の言葉にもあるように、その教えを現代に置き換えればそのような感情を和らげていくことが本来の仏教者の役割であると考える」と述べています。

しかし、この言葉を、家族を殺され悲しみ、怒り心頭に発しているご遺族に対して、面と向かっていえるでしょうか。日頃から、家族を殺されたご遺族の話を聞いている私にとって、その言葉は、つらい経験をしたことのない「幸せな第三者」の言葉にしか聞こえません。もっと被害者に寄り添う言葉が欲しい。

こんな話もあります。2016年10月7日、日弁連が、福井市で死刑廃止のための人権擁護大会を開いたのですが、前日の死刑廃止のためのシンポで流れたビデオメッセージにおいて瀬戸内寂聴氏が「殺したがるバカども」と発言し、話題になりました。犯罪被害者も聞いているシンポでかようなメッセージがでてきたのです。聴いていた犯罪被害者は、「我々は殺したがるバカどもか」と新聞に投稿し、物議を醸しました。宗教家として、犯罪被害者の負っている苦しみを理解していないのではないか、きわめて疑問の残る発言でした。

思うに、お坊さんといえども、死刑問題を観念論だけで考えているのではないでしょうか。あるいは、殺人事件の遺族と話したことがないのではないか。殺人被害者遺族と面会して、本当の悲しみ、苦しみ、怒りに触れていないのではないかと疑問に思っています。犯罪被害者および遺族が、宗教によって救われ、おだやかな心境になるために、死刑にしてくれという素直な感情に対して、犯罪被害者が心から納得できるような説教をしてほしいと願うばかりです。

お坊さんに対する私の質問攻めは、今後とも続けていくことになりそうです。

第3章　世界の死刑廃止と現場射殺

「世界の潮流」に乗って死刑制度を廃止すべきか？

松坂大輔

「右に倣え」という国民性

皆さんは、「エスニックジョーク」というのをご存知でしょうか。
「エスニックジョーク」とは、ある種の国民性をネタにしたジョークのことです。
私の好きなエスニックジョークに、次のようなものがあります。

海で溺れている人を助けさせるためには、
アメリカ人には「飛び込んだらヒーローになれますよ」と言い、
イギリス人には「飛び込むのが紳士というものです」と言い、
ドイツ人には「飛び込むのが規則です」と言い、
イタリア人には「溺れているのは美女です」と言い、
フランス人には「飛び込んでは駄目です」と言い、
日本人には「もうみんな飛び込みましたよ」と言えばよい。

死刑反対派の提示する理由の一つに、「死刑廃止が世界の潮流である」というものがあります。

私は、この理由を見聞きするたびにこのエスニックジョークを思い出します。

つまり、彼らの言わんとしていることは、「世界のみんなが死刑を廃止しているから日本も死刑を廃止しよう」ということなのですから。

まさに日本人の「右へ倣え」という国民性を表すものと言えそうです。

そこで、死刑反対派が主張する、この「死刑廃止が世界の潮流である」という点について、真面目に考えてみたいと思います。

「すべての犯罪に対して」死刑を廃止しているのは106カ国

死刑反対派の掲げる「死刑廃止が世界の潮流である」という理由ですが、この表現だけだと実態がよくわかりません。

まずは、具体的に世界の死刑制度の有無を確認してみましょう。

世界各国の死刑制度や死刑執行に反対しているアムネスティ・インターナショナルの統

計によれば、2019年時点で「すべての犯罪に対して」死刑を廃止している国は106カ国とされています。なお、同団体の統計では、「通常犯罪のみ」死刑が廃止されている国や「事実上」死刑が廃止されている国の数も挙げられており、これらの国の数を含めると同年時点で死刑廃止国は142カ国になるとしていますが、その「通常犯罪」や「事実上」という定義が曖昧であるため、ここでは死刑廃止国として含めないで考えます。

同団体の統計では、「すべての犯罪に対して」死刑を廃止している国の数は、1980年には23カ国、1990年には46カ国、2000年には75カ国、2010年には96カ国とされていますので、確かに死刑廃止国の「数」は増えています。

このような事実をもって、「死刑廃止が世界の潮流である」と言われているようです。

それでは、その106カ国は具体的にどのような国でしょうか。

アムネスティ・インターナショナルは、「すべての犯罪に対して」死刑を廃止している国のリストを公開しており、それによればヨーロッパ諸国が中心で、その他はアメリカ合衆国を除く南北アメリカ、南アフリカやオセアニアなどの国が挙げられています。

また、同団体は「死刑廃止の歩み（1976年以降）」というリストも公開しています。これは1976年以降に死刑制度を廃止した国（「通常犯罪のみ」廃止したという国を含む）

を、廃止した年が早い順に並べたものです。このリストに列挙されている国々のうち、「すべての犯罪に対して」死刑を廃止した国を、ヨーロッパ、中南米、アフリカとオセアニアの各地域に分類してみると、次ページの表のようになります。この表を見ますと、ヨーロッパから次第に中南米、アフリカやオセアニアに広がりを見せていることが読み取れます。

このように、死刑制度を廃止した国について地域的な偏りや特徴的な広がり方が見られるのはなぜでしょうか。その理由はいくつか考えられます。

まず一つは、欧州連合（以下「ＥＵ」）が死刑制度の廃止を加盟の条件にしていることです（法的には２００９年以降となりますが、ＥＵはそれ以前から死刑制度反対の意思を明らかにしてきました）。

そのため、ＥＵへの加盟を希望する国は、条件に従わざるを得ず、結果として死刑制度を廃止する国がヨーロッパにおいて多くなったということです。

もう一つは、ヨーロッパ諸国がキリスト教国であるという点です。キリスト教の教義から死刑制度の廃止が導かれるかというと必ずしもそうではないようですが、世界の宗教の分布と死刑制度の廃止国、存置国の分布を照らし合わせる限り、その関連性は否定できま

すべての犯罪に対して死刑を廃止した国の推移（1976年以降）				
年	ヨーロッパ	中南米	アフリカ	オセアニア
1976	ポルトガル			
1978	デンマーク			
1979	ルクセンブルク ノルウェー	ニカラグア		
1981	フランス		カーボベルデ	
1982	オランダ			
1985				オーストラリア
1987	リヒテンシュタイン ドイツ民主共和国	ハイチ		
1989	ルーマニア スロベニア			ニュージーランド
1990	アンドラ、クロアチア チェコスロバキア ハンガリー、アイルランド		モザンビーク ナミビア サントメ・プリンシペ	
1991	マケドニア			
1992	スイス	パラグアイ		
1993			ギニアビサウ セーシェル	
1994	イタリア			
1995	モルドバ、スペイン		ジブチ、モーリシャス	
1996	ベルギー			
1997	ジョージア、ポーランド		南アフリカ	
1998	アゼルバイジャン ブルガリア、エストニア リトアニア、英国			
1999	ウクライナ、トルクメニスタン			
2000	マルタ共和国		コートジボワール	
2001	ボスニア・ ヘルツェゴヴィナ			
2002	キプロス ユーゴスラビア			
2003	アルメニア			
2004	ギリシャ、トルコ		セネガル	サモア
2005		メキシコ	リベリア	
2007	アルバニア		ルワンダ	クック諸島
2008			アンゴラ	
2009		ボリビア	ブルンジ、トーゴ	
2010			ガボン	
2012	ラトビア			
2015		スリナム	コンゴ民主共和国 マダガスカル	フィジー
2016			ベナン	ナウル
2017			ギニア	

※筆者注：アムネスティ・インターナショナルのリストではアンゴラが1992年と2008年の双方に記載されておりいずれかが誤記と思われるが、同国では1992年以降、「政府軍による裁判外執行があった」とされる（団藤重光著『死刑廃止論』第6版 有斐閣2000年 p. 451）ため、この表では2008年の記載を正しいものとしている。

せん。キリスト教徒の多いヨーロッパ、南北アメリカ、南アフリカやオセアニアなどに所在する諸国では死刑制度を廃止している傾向があり、他方で仏教徒の多い東南アジアや、イスラム教徒の多い西南アジアから北アフリカに所在する諸国では死刑制度を存置している傾向があると言えます。ただ、キリスト教国家の筆頭として挙げられるべきアメリカ合衆国が死刑存置国であること（ただし、2020年3月にコロラド州知事が死刑廃止の法案に署名するなど22州は死刑廃止である）はこの傾向の例外と言えそうです。その要因については、特に南部の州における奴隷制の遺産と「自警の価値観」にあるという説、連邦裁判所が行った憲法判断に原因があるという説など諸説あるようです（デイビッド・T・ジョンソン著『アメリカ人のみた日本の死刑』岩波新書）が、定説があるわけではなく定かではありません。しかし、経済力でも軍事力でも世界のトップに君臨し、「人種のるつぼ」と呼ばれるほどの多民族国家であるアメリカ合衆国はキリスト教国家のなかでも例外となる要因に事欠きません。そのため、死刑存置国たるアメリカ合衆国の存在は、「キリスト教国家が死刑制度を廃止している傾向」を否定する事情にはならないといえます。

最後に、国同士の関係性も挙げられます。歴史的にヨーロッパ諸国の植民地であった国々は、やはり死刑廃止国である傾向がありそうです。国として情報を公開していないため正確な死刑執行数は不明ですが、2019年に数千人を処刑したとされ「世界最大の死刑執行国」（アムネスティ・インターナショナル）と称される中国においても、イギリスから返還されて特別行政区となった香港には死刑制度がありません。香港では死刑制度に限らず英米法体系が施行されているため、死刑制度の有無のみにフォーカスして違いを論じることはできませんが、「世界最大の死刑執行国」のなかに死刑廃止地域が〝同居〟していることは、ヨーロッパ諸国の植民地であった国・地域における興味深い実例といえます。

このような要素を考えると、ヨーロッパから始まった死刑制度廃止の流れが、その地理的関係、経済関係、宗教や国の歴史などの点で繋がりの強い国に伝播していったといえるでしょう。

なお、アムネスティ・インターナショナルによれば、2019年12月31日時点における死刑存置国は56カ国（日本が国として承認していない台湾、北朝鮮、パレスチナを含む）で、「通常犯罪のみ廃止」（8カ国）や「事実上廃止」（28カ国）も合わせると92カ国が死刑を存置しているといえます。

国ごとの事情で制度は定められる

これまで述べてきたことからすれば、「死刑廃止はヨーロッパを中心とするキリスト教圏や旧植民地地域の潮流である」と考えられます。

それでは日本はこの「潮流」に乗るべきでしょうか。

そもそも、死刑制度を含め各国の制度はそれぞれの国において独自に定められるべきものであり、他国がそれに口を出す正当性は基本的にありません。

死刑制度を存置するか廃止するかは、各国において異なる事情、たとえば国民の道徳観や宗教観の違いに始まり、その国の文化や歴史、治安の良し悪しや再犯率の高低、死刑以外の刑罰や自由刑における処遇制度の違いなども勘案した上で、当該国において決められるべきものです。

そのような国ごとの事情の違いを考慮せず、「死刑」という一面だけでその是非を論じられるものではありません。

また、「人命尊重」という見地から「死刑」をある種の絶対悪として否定すべきという考え方もあります。しばしば、死刑制度自体が「残虐」であるとか、「非人道的」だと批判されるのは、このような考え方が根底にあるものと思われます。

2018年7月6日、オウム真理教による一連のテロ事件で死刑判決を受けた松本智津夫ほか6人に対して死刑が執行されましたが、EU代表部およびEU加盟国の駐日大使らは、「本件（筆者注：オウム真理教による一連のテロ事件を指す）の重大性にかかわらず、EUとその加盟国は、いかなる状況下での極刑の使用にも強くまた明白に反対し、その全世界での廃止を目指している。死刑は残忍で冷酷である」との共同声明を発表しました。このようなEUの姿勢は、「死刑」をある種の絶対悪として否定しているものと見られます。

この点についてはどう捉えるべきでしょうか。

先に述べたとおり、「すべての犯罪に対して」死刑を廃止している国は2019年時点で106カ国とされています。

ここで言う「死刑」制度は、法律の定める刑罰に「死刑」があり、そしてそれに基づいて執行される制度のことを意味していますが、国家が犯罪者の命を奪う方法は「死刑」以外にもあります。

それが「現場での射殺」など官憲による犯罪者の殺害です。

死刑制度を廃止している106カ国の中においても、現場での犯罪者殺害は公然と行われています。

たとえば、EUの加盟国であるフランスは当然死刑制度を廃止していますが、そのフランスでは2018年に15人が警察または憲兵によって射殺されたとされています（フランスのオンラインメディア「basta!」の調査）。しかもそのうちの8人は非武装であったとされています。

また、同じくEUの加盟国であるドイツも死刑制度を廃止していますが、そのドイツでは2018年に11人が警察によって殺害されたとされています（ヘッセン州警察・行政大学のクレメンス・ロレイ教授が作成した資料）。

他方、日本においては、犯行現場などで警察が犯罪者を殺害するということは極めてまれなことです。2000年から2019年までの20年間でみても、警察による発砲で死亡したのは10人に過ぎず、フランスやドイツで2018年の1年間に警察や憲兵によって殺害された人数よりも少ないのです。

このように、自国の現場射殺は是としながら、日本の「死刑」制度を「人命尊重」という見地から批判することには整合性がありません。

私は「現場射殺など官憲による犯罪者の殺害は死刑と同じだ」と言いたいわけではありませんし、「死刑廃止国の一部がそうしているように、死刑制度を廃止するなら現場射殺を行うべきだ。または基準を緩和すべきだ」と主張するつもりもありません。

繰り返しになりますが、私が言いたいのは、各国の事情を無視して「人命尊重」という理由から「死刑制度」を「絶対悪」とみることは、「現場射殺」など官憲による犯罪者の殺害行為を容認している限りは整合性がないということです。

主体性なき追随

そして、「死刑廃止が世界の潮流である」と主張されるとき、死刑制度を廃止した各国の状況がその結果どうなったのかについては何ら言及されません。せいぜい、「死刑制度の廃止によって犯罪率が上がったという統計はない」という消極的な話だけです。

制度の変革は、「それを実施することで国がより良い状態になる」という目的のもとで行われるべきです。

死刑制度を廃止した国は、死刑制度があったころより良い国になったのでしょうか。そして、もしそうであったとしても、同様の変化は我が国が死刑制度を廃止することで起こることなのでしょうか。

これを裏付ける情報はどこにも見当たりませんし、それは誰にもわからないことです。

外国や一部の団体が「死刑を廃止すべき」と発言するのは自由です。しかし、それに従って死刑を廃止したとき、日本がどうなるのかについて、彼らは責任を取りませんし、取れません。

ですから、無責任な主張を聞き入れる理由はありません。

結局のところ、「死刑廃止は世界の潮流である」は「みんな（ただしヨーロッパ、キリスト教圏国及びヨーロッパ諸国の旧植民地地域に限る）が死刑を廃止しているから日本も廃止しよう」というものに過ぎません。

このような主張に従うのは、「みんな飛び込んだから自分も飛び込む」と頭を使わず、主体性もなく他に追随するだけのエスニックジョークに出てくる日本人と同じではないでしょうか。

現場射殺——日本と世界の比較

山田　廣

ボニーとクライド事件

1934年、ルイジアナ州郊外の寂しい林道で、当時の最新型の乗用車フォードV8で逃走中だったボニーとクライドが、テキサスレンジャー（テキサス州の法執行官）とルイジアナ州警察の待ち伏せに遭い、一斉銃撃を受け死亡するという出来事が起きました。

2人は、銀行強盗などを繰り返し、警察官や商店主、保安官を射殺し、指名手配を受けていたのです。しかし、彼らは逃走中であり、その場で犯罪行為をしていたわけではありません。また、警察官や第三者の生命、身体に対する差し迫った危険もない状況で発生しており、正当防衛や緊急避難には該当しません。そのため、いまでも現場射殺の象徴的なケースとして取り上げられることがあります。この事件をモチーフにした映画『俺たちに明日はない』で、87発の銃弾を浴びて絶命するボニーとクライドのラストシーンが忘れられません。

ところで、ワシントンポストが毎年公表しているアメリカ国内での現場射殺の件数は、

２０１９年は２０１８年より増加し１００４件に上っています。アメリカでは銃器の国内流通量が多く、毎年のように乱射事件が発生し、銃器犯罪も後を絶ちません。それだけ警察官の武器使用を許さなければならない差し迫った事情があると推測できます。ちなみに、警察官が職務執行中に犯罪行為により殺害された殉職者数は、ＦＢＩ（米連邦捜査局）の報告では１９８０年から２０１８年まで年間平均して85件です。

実は、ボニーとクライド事件から50年ほど経過した１９８５年に合衆国最高裁で一つの判決が出され、警察官の武器の使用は警察官や第三者の生命を守る必要など、合理的な理由がなければならないとされました。この間に国内の人権意識が高まった結果です。にもかかわらず、現場射殺も警察官の殉職者も非常に多いのが現状です。

日本における現場射殺

一方で、日本における現場射殺の現状はどうなっているでしょうか。

刑法には、「正当防衛」や、「緊急避難」の場合は「罰しない」と定められています。まず、この2つの用語の定義について説明したいと思います。

正当防衛とは、「急迫不正の侵害に対して、自己又は他人の権利を防衛するため、やむを得ずにした行為」（刑法第36条）です。突然部屋に男が侵入してきて刃物で襲われたとき、自分の命を守るためにテーブルにある花瓶を投げつけ、顔面に当たり男が負傷したときなど、命を失うかもしれない危険がまぢかに迫り、警察の保護を受ける余裕がない場合、身をまもるためにとっさにとった行為は、社会的にみて非難することはできません。ですから罪にはならないのです。

また、緊急避難とは、「自己又は他人の生命、身体、自由又は財産に対する現在の危難を避けるため、やむを得ずにした行為」（刑法第37条）です。危険がまぢかに迫っていることは正当防衛と同じですが、正当防衛は自分に危害を加えようとする人間を排除する行為であるのに対し、緊急避難は排除する対象が危害を加えようとする人間ではなく他の法益である点が異なります。これも社会的に見て非難することはできず、罪にはなりません。

さらに警察官による正当防衛や緊急避難は「業務上の正当行為」（刑法第35条）とも認められており、これにより犯人が死亡したとしても罰せられません。その理由は「業務」であるから社会的に非難されないのではなく、「正当な行為」であることに実質的な意味があります。この刑法第35条は警職法第7条にも同様に適用されます。警職法第7条とは、凶悪な犯罪について、一定の条件のもと警察官による武器の使用を認める規定です。

また、実際にけん銃を使用するには、国家公安委員会規則にある「警察官等けん銃使用及び取扱い規範」に従わなければなりません。ここには、威嚇射撃をすることができる場合や、相手に向けてけん銃を撃つことができる場合などについて細かな条件が定められています。この「規範」の解釈及び運用についても「例規」として具体例が示されています。たとえば、２００１年11月30日例規第47号によると、傷害事件の現場に臨場した際、威嚇射撃することなく相手に向けてけん銃を撃つことができる条件を次のように挙げています。

・犯人がやにわに警察官に向けて刃物を突き刺してきたとき
・犯人が今にも刃物を被害者に突き刺そうとしており、直ちにけん銃を犯人に向けて撃たなければ被害者の生命が危険であると認められるとき

以上のように、警察官のけん銃の使用は厳格な運用規定のもと、極めて例外的な場合に限定されています。

殉職者が出てもけん銃の使用を回避した「あさま山荘事件」

では、これまでのけん銃使用の事例を検討してみましょう。

日本での現場射殺は、人質事件では、いずれも40年以上も前の1970年の瀬戸内シージャック事件、1977年の長崎バスジャック事件、1979年の三菱銀行人質事件の3件しかありません。

また、現場での被疑者射殺の例としては、2003年の奈良県大和郡山市の事件、2018年の熊本市東区の事件、2018年の宮城県仙台市の交番の事件など、2000年から2019年までの20年間で10件あります。平均すると2年に1回発生するだけです。

このように日本での現場射殺は欧米諸国と比較して極めて少なく、かつ例外的と言えます。発砲事件が起きると、犯罪より、けん銃などを使用したという事実そのものの方が大きく報道されるほどです。

日本では、連続銀行強盗を犯して武器を持ったまま車で逃走している犯人一味を、警察官が高速道路のインターチェンジで待ち伏せ、予告なく一斉射撃して殺すようなことは許されません。警職法第7条により、予告も威嚇射撃もなくけん銃を使用できるのは、事態が急迫であって警察官自身や被害者の生命が危うい場合だけに限られているからです。

前述の奈良県大和郡山市の事件では、車で逃走中の犯人が、職務質問のためにパトカーから降りた警察官を振り切り再度逃走したため、警察側が先回りして交差点で待ち伏せし、犯人の逃走を阻止したケースです。このとき警察官は「止まらないと撃つぞ」と予告しましたが、犯人が車を急発進させたため身の危険を感じた警察官が発砲しました。ボニーとクライド事件とは全く状況が違います。

一方、現場射殺もやむを得ないと考えられる事件でも、警察官がけん銃を使用しなかった例があります。1972年に発生した連合赤軍によるあさま山荘人質事件です。テレビ中継されたので覚えている方もいると思いますが、警察官が山荘に突入した際、犯人から銃撃され2名もの尊い命が失われました。しかし、警察官は最後まで接近してからの武器の使用を控え、犯人5名は全員が生きたまま逮捕されました。

このとき、警察官が犯人に向かってけん銃を撃ち、犯人が全員死亡していたら国民は納得したでしょうか。「殺すことはない、やり過ぎだ」とか、「事件の全貌が解明できなくなってしまった」といった批判が起きることは十分に想像できます。

このように、けん銃を撃って犯人を射殺しても構わない状況においても、警察官は実行することにためらいがあるのです。ここに日本人のメンタリティが表れています。

生命尊重の理念は死刑制度でも一貫

2015年のパリのテロ事件で明らかなように、諸外国においては、警察官が正当防衛や緊急避難、また職務上の行為として犯人を現場で射殺する事実がよく報じられています。北朝鮮や旧ソ連のような国を考えれば、個人の生命に対する基本的な尊重が乏しいため、現場射殺も死刑も簡単に行うでしょう。この意味で現場射殺は現場処刑とあまり変わらず、死刑制度の存否はあまり意味をなしません。

しかし、本来、死刑の存置・適用基準と致死性の武器の使用要件とは、考慮事情が全く異なることから、欧米の先進国に関しては、両者を単純に結びつけることは避けるべきでしょう。ただ、死刑を廃止している欧米諸国は多様な民族が暮らしており、また貧富の差もはなはだしいうえ、宗教の違いによる価値観の乖離も激しいなど、日本とは社会状況が大きく異なります。このような事情から欧米では社会秩序の維持が優先される傾向にあり、国民が現場射殺を広く容認する結果になっていると考えられます。

日本では、現場射殺はできる限り回避されています。このような生命尊重の理念は死刑制度の適用においても一貫して存在しています。

最高裁は、死刑の適用基準について、

「犯行の罪質、動機、態様ことに殺害の手段方法の執拗性・残虐性、結果の重大性ことに殺害された被害者の数、遺族の被害感情、社会的影響、犯人の年齢、前科、犯行後の情状等各般の情状を併せ考察したとき、その罪責が誠に重大であって、罪刑の均衡の見地からも一般予防の見地からも極刑がやむをえないと認められる場合には、死刑の選択も許されるものといわなければならない」

として極めて厳格な要件を定めています。

また、刑事被告人の権利も、憲法以下、刑事訴訟法等により厚く手続保障がなされています。更に、再審手続により被告人が無罪となった事件も少なくありません。

ところで、ヨーロッパ諸国や国連決議では、死刑を廃止すべき理由を、人間なら誰しもが持っている生命権を国家権力が侵すのは残虐で非人道的であるからと主張しています。

しかし、犯人の生命権を奪うのは、死刑執行も現場射殺も変わりありません。社会秩序の維持という目的も同じです。事態が急迫であって、人の生命が危険にさらされているという急迫性の要件があるときは射殺が広く許されるが、そうではない状況で執行される死刑制度は許されないということでしょうか。これは、生命権は絶対的価値であるという主張と矛盾するものです。

死刑廃止を加盟条件にしたEU

川本瑞紀

ヨーロッパ主要国が死刑を廃止した歴史的事情

顕著に死刑廃止国が多いのは、ヨーロッパ諸国です。

そもそも、ヨーロッパにおける死刑廃止論は、カトリック思想と社会契約論に源流を持っています。

国家・社会を成立させるための個人相互の約束を説いた社会契約論は死刑存置の根拠となり得るのですが、これが、キリスト教の「汝殺すことなかれ」と自殺の禁止と組み合わされると、同胞の生命を奪うことを禁止する考えとなり、死刑の廃止につながっていったという背景があるわけです。

そして、それぞれの国が実際に死刑を廃止するまでには、各国の歴史的事情がありました。

たとえば、ドイツはナチス時代に死刑の対象犯罪が拡大されたうえ、言渡件数・執行件数がともに著しく増加するなど、死刑制度が濫用されたことへの反省が背景となっています。イギリスは1949年に起きたエバンス事件など著名な冤罪事件の反省が大きな理由です。フランスは1981年にミッテラン大統領が、人道・良心を理由に、死刑廃止を公約して当選し、その年に死刑が廃止されています。

EUにおける刑罰の目的

ただ、そのヨーロッパ諸国の連合体であるEUは、1993年の設立当初、死刑廃止を加盟条件にしていませんでした。加盟国の死刑に関するスタンスは2種類あり、ひとつは明確な死刑廃止、もうひとつは戦時の死刑のみ存置・数十年執行停止中などの事実上の死刑廃止でした。

しかし現在では、EUに加盟した全ての国が死刑を全面的に廃止しているだけでなく、リスボン条約（2002年調印、2009年発効）により、死刑廃止が加盟条件となっています。

EUは、犯罪者に刑罰を科すことの目的を「本人に自らの過ちを理解させ、自責の念を持たせ、その人物を更生させ、最終的には社会復帰させること」であると表明しています。刑罰の目的をこのように捉える考え方を「教育刑論」と言います。そして、刑罰によって、犯罪者が更生し、社会復帰した場合に「特別予防」の効果が出たと考えるのです。

ＥＵが刑罰の目的をそのように理解しているのであれば、死刑を廃止することも自然な流れと言えるでしょう。死刑に処してしまったら、社会復帰が叶わないからです。

このように社会の秩序維持の基盤である司法と刑罰の在り方は、文化的背景・歴史的背景を離れては定着しません。

ちなみに余談ですが、トルコは、ＥＵ加盟を希望して２００４年に死刑を完全に廃止したものの、２０２０年現在も加盟は認められないまま、国内では死刑復活論が湧き上がっています。

日本の刑罰の目的は「応報」

では、日本では刑罰の目的を、どのように考えているのでしょうか。

最高裁判所の機関である司法研修所が編集した「裁判員裁判における量刑評議の在り方について」という文献には次のように記されています。

「基本的には、法がどれほど強く守ろうとしている法益に対して、これをどの程度毀損する行為をしたのか、また、どの程度危険性の高い侵害行為をしたのか、そして、その法益を侵害したことについて被告人をどの程度非難することができるのかを検討し、法益保護の要請に反した程度に応じて刑罰という反作用の強弱が決められるべきであり、刑事責任の重さもそれにより量られるべきものと考えられる」

つまり、日本の最高裁判所は、刑罰の主な目的は、「法が保護しようとする利益（保護法益）を侵害したことに対する応報」であると考えているのです。

また、ＥＵの「特別予防」の考え方に対して、日本ではこのように捉えられています。

「一般予防、特別予防という刑罰の目的は量刑を考えるに当たっての（少なくとも第１次的な）基準となるものではないから、これらの目的は、犯情によって決められる責任の枠を基本として刑量《ママ》を調整する要素として位置づけられることになり、２次的に考慮されるべきものである」（同前）

すなわち、日本においては、刑罰の主目的は応報であり、一般予防・特別予防は二次的なものでしかないのです。

日本とＥＵの考え方は、刑罰の目的からして異なります。

つまり、「ＥＵが死刑を廃止しているから、日本も死刑を廃止しなくては」という結論には無理があると言えるでしょう。

大事なことなので繰り返しますが、司法と刑罰の在り方は、社会の秩序維持の基盤ですから、文化的背景・歴史的背景を離れては定着しません。

日本は、子どものころから「さるかに合戦」「かちかち山」を読んで育ち、「忠臣蔵」が美談として年末に放映される国です。これらの物語の背景には「命を奪った者は、自らの命を以て償う」という前提があります。この前提を覆して「死刑廃止」を唱えても、それが日本で定着するとは思えないのです。

〔参考文献〕
団藤重光著『死刑廃止論（第6版）』有斐閣
EU MAG（web）
法務省「死刑の在り方についての勉強会（第9回）」資料「死刑廃止国における死刑廃止の経緯等について」
司法研修所編「裁判員裁判における量刑評議の在り方について」
第一東京弁護士会　死刑に関する委員会「死刑を考える」

第4章　死刑か無期懲役か——卑劣漢たちの事件簿

光市母子殺害事件――少年と死刑

山田　廣

強姦できる相手を物色

1999年4月14日の昼下がり、山口県光市の新日本製鐵の社宅アパートを一棟一棟、排水検査の調査員を装って呼び鈴を押して回る少年がいました。作業服の胸ポケットにはカッターナイフ、ズボンのポケットには紐、布テープを隠し持っていました。

この日、少年は勤務先には出社せず、友人宅でゲームをして遊んだあと昼に帰宅し、再び家を出ました。そして、若い女性と無理やりでもセックスしたいという衝動から、強姦できる相手を求めて物色していたのです。当時、少年は18歳と30日でした。

午後2時20分ごろ、社宅アパート7棟41号室の本村洋さん方の呼び鈴を鳴らし、応対に出た本村弥生さん（当時23歳）に狙いを定めます。

検査を装いトイレに入ってから、機を見て弥生さんに背後から抱き付き、仰向けにして馬乗りになるなどの暴行を加えます。しかし、弥生さんが大声を出して激しく抵抗したため、殺害してから姦淫しようと決め、馬乗りのまま頸部を両手で強く締め付けて殺害しました。そして目的を遂げたのです。

また、傍で長女夕夏ちゃん（当時生後11カ月）が激しく泣き続けたため、発覚を恐れた少年は、夕夏ちゃんを居間の床に叩きつけるなどしたうえ、忍ばせていた紐を首に巻き付け、強く締めて殺害します。その後、少年は弥生さんの財布を盗んで逃走しました（山口地裁「判決文」に基づく）。

逆送された少年

罪を犯した者が20歳に満たない場合は、少年法が適用され、成人の場合と異なる刑事手続きがとられます。〝少年はまだ社会経験も浅く、人格も未熟であるので、重大な事件を犯したとしても成人より責任が軽く、生育環境を整え、適切な教育を行えば、生まれ変わり、立派な大人になることができる〟と考えられているからです。これを「可塑性」と言って、諸外国においても少年には特別な刑事手続きがとられるのが通常です。

少年には刑罰ではなく、家庭裁判所において少年の生育環境に見合った保護処分が施されます。具体的には、保護観察、児童自立支援施設などへの送致、少年院送致があります。

しかし、家庭裁判所において、「罪質及び情状に照らして刑事処分を相当と認める」ときは、事件を検察官に「逆送」することができます（少年法第20条）。逆送された事件については、少年であっても大人の刑事事件と同様に刑事裁判を受けることになります。

この事件も刑事処分相当として検察官に逆送されました。ただし、大人と同様に刑事裁判を受けるものの、処罰については特則があります。18歳未満の者に対しては、死刑を科すに相当するときは無期刑を科し、無期刑に相当するときは10年以上20年以下の懲役か禁錮が科せられます。

酌量すべき事情はあるか

少年は、殺人、強姦致死、窃盗罪で起訴され、1999年8月11日に山口地裁で初公判が開かれました。少年は起訴事実を全面的に認め、検察官は少年の犯行は極めて悪質であるとして死刑を求刑しました。

しかし、2000年3月22日、山口地裁は少年に無期懲役を言い渡します。この地裁判決は、「永山基準」を踏まえたものでした。この基準は、犯行当時19歳の少年が4人を殺害した事件の裁判で、最高裁が、少年を殺人罪で死刑に処すべきかどうかの判断基準を示したものです。

山口地裁は、「本件の罪質、身勝手かつ短絡的な動機、残忍かつ冷酷な犯行態様、結果の重大性、遺族の峻烈な被害感情、社会的影響の大きさ等を併せ考慮すると、被告人の刑事責任は極めて重大であり、年長少年であり死刑の選択が可能な被告人に対しては、死刑を選択することも十分検討されるべきである」としながらも、次の6点などを酌量すべき事情として摘示し、過去の裁判例との比較検討も踏まえ、「極刑がやむを得ないとまではいえない」として無期懲役としました。

①2名の殺人行為は、事前に周到に計画したものではない
②犯罪的傾向が顕著であるとはいえない
③犯行当時18歳と30日であり、内面の未熟さが顕著である
④家庭環境が不遇で生育環境において同情すべきものがある
⑤被告人なりの一応の反省の情が芽生えている
⑥矯正教育による改善更生の可能性がないとはいい難い

これに対し、検察官が控訴して、事件は広島高裁に移されます。次が主な控訴理由です。

・殺人行為の計画性を否定するが、もともと強姦行為を企て、犯行に至った一連の犯行全体としてみれば計画性がないとはいえない
・少年法は18歳に達している者に対しては死刑も含めた処罰を認めており、これは凶悪事件に関しては、少年が18歳に達していれば少年の保護や福祉の理念より、刑事責任に応じた刑罰を優先させ社会秩序の維持を図るべきとする趣旨である
・事件が悪質であり、成人の事件と区別すべき合理的な根拠はない
・遺族に対して真摯な謝罪の態度を示しておらず、反省の情は認められない
・被告人の犯罪傾向が顕著でないというが、本事件は被告人の人格に深く根差した自己的・攻撃的な危険性が発現したもの
・更生の可能性があるというが、現在でも罪の重さを自覚しておらず、反省もなく更生の可能性があるという判断は根拠がない

しかし、広島高裁は、2002年3月14日、検察官の控訴を棄却します。山口地裁が適示した①から⑥までの酌量すべき事情の判断を含め、1審の無期懲役判決を維持したので

す。一方で、検察官はこれを不服として最高裁に上告します。

最高裁の判断が待たれましたが、上告から3年以上も経過した２００５年12月になり、最高裁が弁論期日を指定してきました。弁論が開かれるということは、高裁の判決が変更される可能性が出てきたことを意味します。なぜなら、最高裁が上告に理由がないと判断した場合は、弁論を開かないまま判決で上告を棄却することができるからです。

その後、２００６年4月18日に弁論が開かれ、検察官は再び死刑を求刑します。一方、検察官の上告以降に少年の弁護人が替わったため、被告側は弁論の次回期日の指定を申し出ましたが、最高裁はこれを斥けて、裁判が結審しました。

２００６年6月20日に最高裁判決が言い渡されました。被告人を無期懲役とした第1審判決の量刑を是認した広島高裁判決を破棄し、「死刑の選択を回避するに足りる特に酌量すべき事情があるかどうかにつき更に慎重な審理を尽くさせるため」に事件を広島高裁に差し戻したのです。

この事件は少年事件であり、少年法の理念に則して、死刑を科すとなればそれなりの理由が必要です。

最高裁は、判決理由の中で、

「死刑制度を存置する現行法制の下では、犯行の罪質、動機、態様殊に殺害の手段方法の執よう性・残虐性、結果の重大性殊に殺害された被害者の数、遺族の被害感情、社会的影響、犯人の年齢、前科、犯行後の情状等各般の情状を併せ考察したとき、その罪責が誠に重大であって、罪刑の均衡の見地からも一般予防の見地からも極刑がやむを得ないと認められる場合には、死刑の選択をするほかないものといわなければならない」

と死刑の適用基準を述べたうえ、本事件につき、犯行が甚だしく悪質であり、2名の命を奪った結果も重大であること、動機や経緯に酌むべき点もなく、犯行は冷酷、残虐にして「非人間的な所業である」などと指摘し、「被告人の罪責は誠に重大であって、特に酌量すべき事情がない限り、死刑の選択をするほかない」としました。

更に、原判決（第2審判決）及び第1審判決が酌量すべき事情として述べた諸点は、死刑を選択しない理由としては不十分であると指摘し、結論として、

「原判決は、量刑に当たって考慮すべき事実の評価を誤った結果、死刑の選択を回避するに足りる特に酌量すべき事情の存否について審理を尽くすことなく、被告人を無期懲役に処した第1審判決の量刑を是認したものであって、その刑の量定は甚だしく不当であり、これを破棄しなければ著しく正義に反するものと認められる」

としたのです。

最高裁が特に斟酌するに値する事情と評価したのは、山口地裁が酌量すべき事情として指摘した前記①から⑥までの事情のうち、③の「犯行当時18歳と30日であり、内面の未熟さが顕著である」と、⑥の「矯正教育による改善更生の可能性がないとはいい難い」です。最高裁の破棄判決には拘束力があり、差し戻し後においては、被告人の量刑面のみ審理することになりました。

結局、広島高裁は12回の公判を開いて、事実の取り調べなどを行いました。そして、2008年4月22日、第1審の山口地裁の判決を破棄し、被告人に死刑を言い渡したのです。

弁護人は上告しましたが、最高裁の第2次上告審は2012年2月20日、「原判決の死刑の科刑は、当裁判所も是認せざるを得ない」として上告を棄却し、同年3月14日、判決は初公判から13年近く経過してついに確定しました。

2020年現在、40歳を前にしたかつての少年O（旧姓F）は広島拘置所に死刑囚として収監されています。

教育による改善更生の可能性は?

最高裁が第1次上告審で特に酌量すべき事情と指摘した左の2点についてみていきたいと思います。

ア．犯行当時18歳と30日の少年であり、内面の未熟さが顕著である

イ．矯正教育による改善更生の可能性がある

少年法では、罪を犯した者が18歳に達していれば、前述の特則はあるものの、死刑を言い渡すことが許されています。これは、18歳にもなっていれば、何をしたら罪になるか、つまり善悪の分別が十分に可能であると考えられるからです。

しかし、最高裁は少年の刑事責任を判断する際は、少年の精神的成熟度（ア）および可塑性（イ）について、特に考慮すべき事情として指摘したのです。

まず、アの点について、差し戻し後の広島高裁は少年調査記録などから、「独り善がりな自己中心性が強いことや、衝動の統制力が低いことなど、被告人の人格や精神の未熟さが、本件各犯行の背景にあることは否定し難い。しかしながら、既に説示した本件各犯行

の罪質、動機、態様、結果にかんがみると、これらの点は、量刑上十分考慮すべき事情ではあるものの、被告人が犯行時18歳になって間もない少年であったことと合わせて十分斟酌しても、死刑の選択を回避するに足りる特に酌量すべき事情であるとまではいえない」としました。

問題はイの方です。少年に教育による改善更生の可能性があるかどうか、つまり少年の可塑性を信用し得る具体的な事実があるかどうかが問われたのです。

まず、差し戻し前の広島控訴審において、検察官は少年の反省の程度に関して、驚くべき書面を証拠請求しました。少年が獄中から友人にあてた「手紙」です。

「知ある者、表に出過ぎる者は、嫌われる。本村さんは出すぎてしまった。私よりかしこい。だが、終始笑うのは悪なのが今の世だ。ヤクザはツラで逃げ、馬鹿（ジャンキー）は精神病で逃げ、私は環境のせいにして逃げるのだよアケチ君」

ご遺族である本村さんを引き合いに出しています。これはご遺族に対して謝罪するどころか侮辱するものです。ただ、文面からは、少年の知的能力に問題がないことがわかります。

一方、少年は差し戻し後の広島高裁の審理の中で、犯行に至る経緯、２名の殺害行為の態様、殺意、強姦および窃盗の犯意などについて、それまでの供述を一変させ、公訴事実を全面的に争う姿勢を示しました。姦淫した理由は「死亡した被害者を生き返らせるための儀式」「自分を母親の胎内に戻すため」などと供述して、「母胎回帰ストーリー」を展開したのです。この荒唐無稽な主張がニュースをにぎわせましたが、高裁は新供述の信用性を完全に否定しました。

友人にあてた手紙、支離滅裂な供述をみれば、少年に「改善更生の可能性がある」とは到底思えません。

そもそも、教育による改善の可能性を考える場合、前提となるのは反省の程度です。被害に遭ったことがない我々は、被害者の心情や、被害の実態について理解することなどは本来的に出来ることではありません。ましてや社会経験が乏しい若者においてはなおさらです。本件被害者の苦痛や恐怖、無念さは察するに余りあり、妻や娘を亡くした被害者の遺族らの悲嘆の情や喪失感、絶望感は甚だしいものです。少年に求められているのは、より根源的な理解であり、2名の尊い命を奪ったという歴然たる事実そのものをどのように受け止めているかに対する答えです。

しかし、十分な時間が費やされましたが、裁判を通じて少年には反省心がないことが明らかになりました。差し戻し後の広島高裁は、「被告人が、当審公判で、虚偽の弁解を弄し、偽りとみざるを得ない反省の弁を口にしたことにより、死刑の選択を回避するに足りる特に酌量すべき事情を見出す術もなくなった」とまで判示しました。

少年法の理念にとらわれ過ぎた裁判

裁判は、死刑が確定するまで13年もかかりました。ご遺族の本村さんは毎回、裁判を傍聴し、少年の目の前で2回にわたり意見陳述もしています。長く苦しい道のりであったはずです。被害者にとって犯人が少年であるか、大人であるかは関係ありません。少年法の理念にとらわれ過ぎて裁判が長引き、よりご遺族を苦しめる結果になったのは残念でなりません。

犯人が犯行時に18歳で、殺害された被害者が2名の事件で死刑が適用されたのは初めてです。しかし、少年が18歳を超えていれば死刑を科すことはできるのであり、もとより被害者2名の命と犯人1人の命が均衡を得ているとは言えません。そもそも、少年法第51条は、死刑適用の可否について18歳未満か以上かという形式的基準を設けるだけであり、精神的成熟度および可塑性といった要件を求めていません。

第1次上告審で最高裁が示した、「被告人の罪責は誠に重大であって、特に酌量すべき事情がない限り、死刑の選択をするほかない」という基準は、死刑適用の一般的基準を示したとされる「永山基準」をより具体化したものであり、年長少年事件を含め、今後の新たな死刑の判断基準を示したと考えられます。

加えて、少年法の適用年齢を18歳までに引き下げるべきです。現在の社会状況を踏まえれば、18歳に達した者を少年として特別扱いにする根拠は見出し難いからです。

〔参考文献〕
土本武司著「少年と死刑の適用」『捜査研究』57巻6号
門田隆将著『なぜ君は絶望と闘えたのか　本村洋の3300日』新潮社
井上薫著『裁判官が見た光市母子殺害事件』文藝春秋
三原憲三ほか編「続・死刑に関する資料集」朝日大学法学部三原刑事法研究室
永田憲史著『死刑選択基準の研究』関西大学出版部

大阪教育大学附属池田小学校事件――矯正不可能な大量殺人犯

杉本吉史

学校現場で未曾有の大事件

２００１年６月８日の午前10時過ぎ、宅間守は大阪教育大学附属池田小学校の東側自動車専用出入口前に普通乗用車で乗り付けました。当時、学校の専用出入口は開放され、来校者のチェックはされていませんでした。

宅間は出刃包丁と文化包丁が入ったビニール袋を持って、そのまま体育館の東側を通り、児童のいる教室に向かいます。そして、子供たちの姿が見える２年南組の教室のテラスの東側ドアから室内に侵入しました。当時は体育の授業前の休み時間で、教室に児童は６名ぐらいしかおらず、教師はいませんでした。

宅間は教室に入るや、用意した出刃包丁で５名の児童を次々と突き刺しました（５名はその後、全員死亡）。

次に、宅間はドアを通ってテラスに出て、別の教室に向かいました。隣の２年西組では、児童は全員前を向いて座っていましたが、宅間はテラス側のドアから大きな物音を立てて、教室に侵入しました。そして、3人の児童を刃物で次々と刺します（うち1名がその後死亡）。児童は逃げるために教室の前後の出入口に殺到しましたが、宅間は逃げる児童たちを追い回し、教室内や出入口付近、廊下で5人を次々と刺しました（うち1名が死亡）。

宅間の暴走は止まりません。廊下側のドアから2年東組の教室に侵入すると、入口付近にいた児童たちを襲ったのです。教師が助けに入ったものの、宅間は包丁で教師を刺し、今度は1年南組の教室に駆け込みます。そこでも3名の児童が出刃包丁で刺されました（うち1名がその後死亡）。

さらに宅間は、別の児童を教室テラス側前方に追い詰め、出刃包丁で刺しました。そこに、宅間を追いかけてきた教師が刃物での攻撃を受けながらも宅間を取り押さえようとしましたが、宅間は引き続き出刃包丁を左手に持ち替えて、倒れている児童をさらに突き刺したのです。

そして、宅間の侵入から約5分後に、ようやく宅間が持つ刃物は別の教師によって取り上げられ、身柄確保に至りました。

このようにして、8人の児童が死亡し、児童13人、教師2人が傷を負うという学校現場では未曾有の大事件が起こったのです（大阪地裁「判決文」に基づく）。

身勝手極まりない動機

宅間は周到に2本の包丁を用意し、校内に侵入するや、まっすぐ教室に向かって、次々と児童たちを刺し続けています。そこにはためらいといった感情は全く認めることはできず、泣き叫び、逃げまどう児童たちを追いかけ、ひたすら殺すことだけを考え、その意思は取り押さえられそうになっても倒れた児童をまだ刺し続けるという強固なものでした。

事件後の取調べなどで、宅間は事件の動機について、おおむね次のように述べています。

「自分の人生で味わった苦しい思いを多くの人々に分からせてやろう。それも事件を起こす以上は、ありふれた事件ではなく大量殺人をやろう。小学生なら逃げ足も遅く大勢を殺せるに違いない。どうせやるなら名門の小学校を襲った方が社会の反響が大きく、それが自分の父親や元妻に対する復讐になる」

全く身勝手極まりないものとしか言えません。

刑事裁判の法廷で宅間は、犯行内容そのものは全て認めたものの、まともな反省の弁を述べることはありませんでした。それどころか、宅間の死刑を求める遺族らに対して法廷で暴言を浴びせるなど、犯行の際と変わらぬ卑劣な態度を取っていました。

刑事裁判で弁護人は「犯行当時、宅間は心神喪失あるいは心神耗弱の状態にあったものであり、死刑判決を下すべきではない」と主張しました。

しかし、宅間に対して3名の精神科医による別個の精神鑑定が行われましたが、いずれの鑑定人も、「宅間は人格の偏りが極めて大きいものの精神疾患には罹患しておらず、本件犯行時には精神病による精神症状を呈していたものではない」と診断しています。つまり、心神喪失あるいは心神耗弱であったという主張はあたらないということです。

死刑以外の選択肢はない

判決では、死刑が言い渡されましたが、量刑理由を次のように言っています。

「最も安全な場所であるべき教室に凶器を携えた宅間が平然と侵入し、子供たちに凶刃をふるうことなどおよそ想像できることではなく、子供たちにそのような危険を察知し、回避することなど期待できるはずもない。突如として教室内に押し入ってきた宅間に襲いかかられ、ある子供はほとんど身動きも出来ないままに絶命し、ある子供は瀕死の状態で少しでも宅間から遠ざかろうとしてついに息絶え、ある子供はかろうじて救急車で応急手当を受けたが、その甲斐もなく亡くなった。この子供たちが受けた痛み、苦しみ、恐怖を思うとき、誰しもが自らの身をさいなまれる思いを禁じ得ない」

　また、判決は亡くなった子供たちの遺族について、「その心情は深く、重く、安易な想像を許すものではないもので、本来は憎むべきは宅間とその理不尽な蛮行であるはずなのに、子供たちを守ることができなかった自分たちを責め続けている。その心情を慰めるにはいかなる言葉も無力であると痛感せざるをえない」と言っています。そして、「この事件が小学校関係者だけではなく、同世代の子供たち、その親、教育関係者、社会全体に及ぼした衝撃や影響、特に学校の安全確保や犯罪防止一般についての抜本的な見直しが迫られたのであり、社会全般に与えた影響の大きさもはかりしれない」としています。

　最後に、法廷でも犯行に至った責任を他人に転嫁し、かたくなに反省や謝罪を拒否する宅間の姿勢について、判決では、「この期に及んでも自分のことしか考えておらず、真摯な反省悔悟の情などまったくないというほかない。宅間の人格の偏りの程度はもはやいかなる矯正教育によってもその改善など到底期待できないものであって、この事件におけるあらゆる事情が被告人の刑事責任がこの上なく重大であることを示しており、罪刑の均衡、一般予防、特別予防等々いかなる見地からも、宅間に対しては法が定める最も重い刑をもって処断する以外の選択肢はないというべきである」と判断され、その結果として死刑判決が下されたのです。

異例の早期執行

判決後、宅間の弁護人らは直ちにその判決が不当であるとして控訴の申立を行いました。しかし、宅間がその控訴の申立を取り下げたため、1審の死刑判決が確定することになりました。宅間はその後も死刑を執行するように強く求め、早く執行しなければ国に対する訴訟を提訴するなどと主張したのです。

その影響もあってか、宅間に対しては異例の早期執行が行われました。

執行後に遺族は、学校でこのような痛ましい事件が再び起こらないようにと、事件のことやその後の経験をふまえた本を出版されたり、学校の教師や教師をめざす学生らに対する講演を続けています。そして、事件や事故、家族の病気などで心の傷を負った人の支えとなる専門家としての活動もされているのです。ちなみに、小学校では今も毎年6月8日には慰霊と再発防止を祈る行事が行われています。

反対派の表層的な主張

死刑反対派は「いかなる人間にも矯正の可能性があり、それを奪う死刑は許されない」などとよく主張します。しかし、宅間にはそのような主張はあてはまるでしょうか。

宅間はこの事件を犯すまでにも何度か実刑判決を受けて刑務所に収監されていました。そこで相当期間の矯正教育を受けたにもかかわらず、宅間の人格の偏りは是正されるどころか、ますます強固なものとなり、本件犯行という悲劇がもたらされたのです。

この現実を直視するとき、死刑反対派の主張はいかに表層的で、人間存在についての理解が不十分であると言わざるを得ません。

また、刑罰のあり方は本来、その国の国民性、宗教性、正義のとらえ方と切っても切り離すことはできません。たとえば、人の罪に赦しを与えることを教義上求められるキリスト教の宗教観とイスラム法による厳しい刑罰が正義であるとされる宗教観が異なるように、それぞれの国には刑罰制度を支える宗教観、正義の考えに違いがあるのです。死刑制度を廃止している国が先進的であり、日本が後進国であると言うことなどできないはずです。

宅間に対して裁判所が下した判断について、果たしてどれだけの国民が異を唱えるでしょうか。犯した罪の重大性、犯行の残虐性、犯行動機の身勝手さ、遺族が受けた計り知れない心の傷、社会が受けた衝撃・影響の大きさや、そのために費やさざるを得なかった多大な人間による再発防止のための努力などを考えてみたとき、その判決の判断が誤っていると確信をもっていえる国民が多くいるとは思えません。

さらに言えば、この事件で死刑判決を下すべきではなかったと主張することは、罪刑の均衡という刑事裁判における刑罰選択の最も重視されるべき理念そのものを否定することになると考えられます。

判決でも、この事件で子供たちを亡くした遺族の心情について、安易な想像を許すものではないと述べています。

遺族の悲しみ、苦しみは、年月がいくら経とうとも癒やされることがないはずです。そして、遺族はその間、判決にもあるように自らを責め続けるでしょう。

遺族にとっては、社会が正義を回復してくれようとしていると感じることができて初めて新たな人生を歩み始めることができるのではないでしょうか。私たちは、死刑という刑罰の存否を考えるにあたっては、まず遺族の思いに耳を傾け、その心情に少しでも近づく努力を怠ってはいけないのです。

闇サイト殺人事件——特殊性と死刑基準

宇田幸生

犯人の執拗な脅しのなかで利かせた機転

いわゆる「闇サイト殺人事件」とは、２００７年8月24日に名古屋市千種区の閑静な住宅街で帰宅途中の磯谷利恵さん（当時31歳）が、３人の男に突如、拉致されて、金品を奪われたうえに、残虐な方法によって殺害され、亡骸を山林に遺棄された事件を言います。この事件の特殊性は、犯人らが犯罪仲間を募るインターネット上の掲示板「闇の職業安定所」を通じて知り合ったことでした。

それまでは互いに見ず知らずだった男らが、犯行の数日前に闇サイトを通じてグループを結成したうえで短期間で凶悪な犯行に及んだことは、社会を震撼させ、メディアにおいても度々報じられました。

犯人らは犯行グループを形成するにあたり、互いが少しでも他のメンバーよりも優位に立とうと虚勢を含めた様々な犯罪歴を披露し自らの力を誇示しあいました。そして、犯行計画についても、それぞれの過去の犯行経験を共有しながら次第に巧妙で凶悪な計画を推し進める方向になりました。その結果、手っ取り早く楽にお金を稼げる手段として、真面目で貯金をしていそうなＯＬを標的にした強盗殺人を計画するに至ったのです。

犯人らは、金槌やロープ、包丁などの凶器を事前に準備したうえで、利恵さんに狙いを定めて犯行を実行に移しました。利恵さんを車内に拉致すると、キャッシュカード類の金品を奪い、カードの暗証番号を聞き出すべく脅迫行為を続けました。その脅迫文言は、覚せい剤を用いたレイプを仄めかすものや、包丁をちらつかせて切れ味の悪い包丁だから簡単には絶命しないだろうと脅すもの、命を奪うまでのカウントダウンをするなどという内容であり、車内で長時間に渡って屈強な犯人らに囲まれた利恵さんの恐怖は想像を絶するものでした。

しかし、利恵さんはそんな犯人らの執拗な脅しに屈することなく、預金払戻しを阻止するため、最後には機転を利かせて事実と異なる暗証番号「２９６０」を犯人らに告げたのでした。この「２９６０（ニクムワ＝憎むわ）」の番号の意味するところについては、極限状況におかれたなかでの利恵さんの思いが込められたダイイングメッセージとして、これまでにもメディアで繰り返し取り上げられています。

暗証番号を聞き出した犯人らは、これほどの脅迫で聞き出した番号にまさか間違いはあるまいと思い込み、その場で預金の払戻しを試すこともなく、もはや用済みとばかりに、車内で命乞いをする利恵さんの首を腕で絞めつけ、金槌で頭部を何度も殴打し、ロープを頸に巻き付けてさらに頸を締め付けるなどして、最後まで生きようとし続けた利恵さんを絶命させ、その亡骸を山中に遺棄したのです。その犯行態様は凄惨かつ容赦のないものであり戦慄を覚えざるを得ないものでした。

その後、事実と異なる暗証番号のために預金の払戻しに失敗した犯人らは、グループ内で仲違いをはじめ、犯人の1人が減刑のために自首をしたことによって犯行は発覚し、他の2人も逮捕されました。

罪をなすりつけ合う犯人たち

2008年9月から始まった刑事裁判では、犠牲となった被害者数が1名であったとしても死刑が適用されるかが大きな焦点となりました。

当時はまだ、被害者やその遺族が法廷内で刑事裁判に参加できるという被害者参加制度は存在していません。そのため、利恵さんの母親である富美子さんは、被害者やその家族にとって余りにも少ない制度の枠組の中で刑事裁判に関わるほかありませんでした。それでも、富美子さんは法廷傍聴を続けられ、犯人らが互いに罪をなすりつけ合ったり、逮捕された原因を非難しあうといった醜い争いに直面しながらも、自らの想いを訴えるべく、ときには検察官側の証人として、ときには被害者遺族として法廷に立たれてきました。

また、裁判外においても、犯人らの極刑を求める署名活動を街頭やご自身のホームページ上で続けられました。自らの個人情報を明らかにして活動を続けられたため、ときには、見ず知らずの者が突然、自宅に訪れたこともあります。しかし、そういった心身に危険が及ぶ事態すら想定されるなかでも、娘の利恵さんの無念を晴らし、犯人らの極刑を望むという一心が、富美子さんの活動の原動力となっていたのです。

そして、その富美子さんの思いに多くの方々が賛同し、最終的には33万2806筆もの署名が集まりました。それらの署名は刑事裁判の中でも証拠として提出がなされ、裁判官にも届けられました。

2009年3月の第1審の地方裁判所では、自首をした被告人のみ無期懲役、他の2人の被告人には死刑の判決が下されました。その後、3人は控訴しましたが、死刑判決を受けていた被告人のうちの1人は、自ら控訴を取り下げたことにより死刑が確定しました。

その結果、第2審の高等裁判所では自首をした被告人ともう1人のみについて裁判が続けられることになったのですが、ここで第1審の判決が覆されてしまいます。第2審の判決では、自首をした犯人だけでなく、もう1人の犯人もまた「犯罪傾向は進んでいない」「被害者は1名である」などを理由として無期懲役の判決が言い渡されました。

そして、最終的に最高裁判所にて2012年7月に無期懲役が確定しました。

同じ死刑基準でも結論に大きな差

今回の事件では、第1審・第2審ともに判決の中で、死刑適用の判断にあたって、いわゆる「永山基準」と同様の基準を用いることが明言されていました。ここで言う、死刑基準とは次のことを指します。

「犯行の罪質、動機、態様ことに殺害の手段方法の執拗性・残虐性、結果の重大性ことに殺害された被害者の数、遺族の被害感情、社会的影響、犯人の年齢、前科、犯行後の情状等各般の情状を併せ考察したとき、その罪責が誠に重大であって、罪刑の均衡の見地からも一般予防の見地からも極刑がやむをえないと認められる場合には、死刑の選択も許され

るものといわなければならない」（注・傍点は編集部による）

このなかに出てくる「一般予防」とは、罪を犯した者を処罰することで、世間一般に警告して再び犯罪が発生しないよう戒める、いわゆる「見せしめ」的な考え方を指します。

このように第1審・第2審ともに、同じ死刑基準を採用すると明言していたにもかかわらず、結論に大きな差が生まれた理由は、「インターネットを通じて短期間の間に残虐な凶悪犯罪を計画して遂行した」という今回の事件の特徴的・象徴的な部分についての評価や、被害者数が1名であることについての評価について、第1審と第2審で考え方が分かれたことに大きな原因があるように思われます。

まず、インターネットを通じて知り合った犯行グループによる犯罪という今回の事件の特徴的・象徴的な部分について見ていきたいと思います。

第1審判決では、見ず知らずの者同士が虚勢をはったり、悪知恵を出し合うなどして互いの力を利用しあうことで、1人ではできない犯罪が遂行できるようになり、犯罪の凶悪化、巧妙化に繋がる危険性が高いと指摘しました。そして、今回の事件はまさに、犯罪の凶悪化・巧妙化に繋がる危険性が現実化した事件であると判断したのです。

さらに、相互に素性を知らない匿名性の強い集団であるために、犯行グループが解消され、お互いに連絡手段を絶ってしまえば、犯人を発見し、逮捕することは極めて困難になることが予想されます。第1審ではこうした事態を考慮して、判決で「犯罪が模倣されるおそれも高く、社会の安全に与える影響も大きく、今後同様の犯罪の発生を防止するためにも、他の強盗殺人事件に比べて厳罰をもって臨む必要がある」ことが強調されました。

これに対して、第2審判決では、おおむね次の点を指摘しました。

①見ず知らずの者同士の犯行の場合には、意思疎通の不十分さから計画も不十分となり、犯行が失敗に終わりやすい面があること
②今回の事件でも利恵さんが、富美子さんのために必死に預金を守ろうとして真実とは異なる暗証番号を伝えた結果、犯人らが奪ったキャッシュカードでの預金の払戻しに失敗するなど、犯行がさほど巧妙ではなかったこと
③素性を知らない者同士ゆえに結束力の乏しさから早期の検挙にも繋がったこと

さらには、第1審で挙げられた「インターネットを通じて集まった素性を知らない者同

士が短期間で犯罪を計画遂行する場合に、お互いに虚勢を張り合うなどして、犯罪が凶悪化しやすい」点については、「そのような状況であるがゆえに、犯罪傾向が進んでおらず矯正可能性がある者であっても今回のような罪を犯しかねない」と指摘したのです。

そして、あろうことか、殺害の態様が残虐になったのは、利恵さんが簡単に絶命しなかったためであるという驚くべき判断をしたのでした。

つまり、2審の判決は、被告人らは犯罪傾向が進んでおらず、矯正可能性もある者であり、この凶悪犯罪が起こった原因は、犯行当時の状況によるものだと言っているに等しいのです。

一方、被害者数が1名であるとの点についてはどうでしょうか。

第1審判決では、今回の事件の特殊性を踏まえ、厳罰をもって臨む必要性が高いこと、犯行の手段方法も極めて残虐であることなどから、被害者が1名の事案であるとしても、死刑を選択することはやむを得ないとしました。

これに対し、第2審判決では、今回の事件の特殊性を重視するべきではないとし、前述のとおり殺害態様についても意図的に残虐になった訳ではない、矯正可能性もあるなどと死刑を回避する方向での指摘をしたうえで、「死刑の選択がやむを得ないとはいえない」

との判断をしたのです。

第2審判決の判決理由では、死刑を選択しない理由をさまざま述べていますが、つまるところは、被害者数が1名の場合には死刑を選択しないという結論ありきだったように感じられてなりません。

とりわけ不合理さを感じたのは、「犯行がさほど巧妙ではなかった」「殺害態様が残虐になったのは被害者が簡単に絶命しなかったため、殺害の手段を次々に変えた結果」などという点を死刑回避の事情の一つとして指摘していたことです。

利恵さんが預金を必死に守ろうと機転を利かせて異なる暗証番号を告げたために犯行が失敗に終わったこと、そして、生きることを最後まで諦めなかったために凄惨な方法で殺害されたという、その経緯が死刑判決を回避するための方便として使われてしまっています。

そのこと自体、利恵さんや遺されたご家族の想いを踏みにじるものであり、二次被害そのものではないでしょうか。

第1審判決と第2審判決の判決理由を比較するたびに、死刑を選択した第1審判決の方が説得力を持っていると感じざるを得ません。

自首をした犯人については、第1審・第2審を通じて自首による減刑を認め、無期懲役の判決が下され確定しています。

このうち、第1審判決では、自首した犯人の罪責について、死刑判決となった他の2人と本来的に違いはないことが述べられていました。その理由として、自首した犯人は、闇サイトに書き込みをして事件のきっかけを作った張本人であり、この種の犯罪は、その性質上、犯罪者の発覚、逮捕が困難となるほか、極めて悪質性の高い事案であり、本来なら極刑で臨むべき事案であるためなどと指摘されていたのです。

しかし他方で、このような事件の特殊性ゆえに、自首した犯人が他の共犯者の逮捕に協力し、その後に起こりえたかもしれない事件の発生を阻止し、事件解決に結果として寄与したことも重視されてしまいました。そのため死刑を回避する要素にもなってしまったのです。

つまり、インターネットを通じた犯行グループによる犯罪の特殊性が処罰を重くする方向に働いたものの、それがために自首によって犯罪が覚知できたこと、更なる犯行阻止に効果があったことがより強調され、処罰を軽減する方向に働いたという、皮肉な判断となってしまったのが第1審判決だったのです。

これに対し、第2審判決においては、今回の事件の特殊性は重視されず、さらに、「被害者数が1名である今回の事件では、死刑の選択がやむを得ないとはいえない」としました。そして、自首により今回の事件の解明に一定の協力をした点を評価し、無期懲役の判決を維持するに至りました。

もし、第1審判決が指摘したような犯行の特殊性を重視しないのであれば、自首による犯罪発覚の効果もそこまで重視するべきではないと考えられそうですが、第2審判決はこの点については特に触れることはありませんでした。「被害者数が1名である場合には死刑を回避する」という前提のもと、無期懲役を維持したのではないかと疑わざるを得ない結論と言えます。

死刑執行が「一歩前に足を踏み出す区切りに」

2008年9月から開始された刑事裁判は、最高裁判所で判決が確定する2012年7月まで約4年にわたって続きました。この間、2008年12月には被害者参加制度が開始され、2009年5月には裁判員裁判も始まり、刑事裁判をめぐる制度は大きく変貌を遂げています。そんな制度の変革期のなかで、富美子さん自身も、精力的に講演活動を続けられ、被害者や被害者のご家族が置かれた状況、死刑基準の問題点を社会に訴え続けられています。

この間、第1審の死刑判決が確定した犯人は、2015年6月に死刑が執行されています。このとき富美子さんは、「一つの命が消えたと思うと、普通の人間なので嬉しいという気持はありませんでした。ただ、一つ大きなことが終ったという気持ちはしました。ホッとしました。娘の惨い姿につながる事件の事は忘れて、笑顔の娘だけを思い出に生きていきたいと思っている私にとって、死刑執行は、事件を離れて一歩前に足を踏み出す大きな区切りになりました」と想いを述べられています。

一方、死刑から無期懲役となった犯人の1人は、その後、闇サイト殺人事件以前に犯していた別の強盗殺人事件で検挙され、2019年8月に改めて最高裁判所で死刑が確定するに至っています。

「矯正可能性がある」などとして死刑を回避した当時の第2審判決は、あくまでも今回の事件の刑事裁判で提出された証拠に基づいて判断されたものです。しかし、実際には当時発覚していなかった余罪が既にあり、今回の事件もまた複数実行されていた凶悪犯罪の一つでしかなかったことが明らかになるにつれ、「矯正可能性がある」とした当時の第2審の判決理由には虚しさを覚えざるを得ません。実際のところは「被害者数が１名である」場合には死刑を回避することを前提に、不合理とも呼べる理由を積み重ねて、判決が下されていたとしか思えないことは、これまで述べたとおりです。

犠牲になられた被害者が複数でなければ死刑にはならないという誤った認識のもと、刑務所に入ることを希望して、意図的に犠牲者数を調整のうえ、事件を犯したのではないかと疑いを持たざるを得ない、いわゆる２０１８年新幹線殺傷事件のような事件も起きています。

死刑基準がひとり歩きすれば、１人だけなら殺害しても刑務所に入るだけで済むという誤ったメッセージを社会に垂れ流すことになりかねません。

人の生命を１人でも奪う凶悪犯罪には、死刑をもって臨むのが原則であるという毅然とした姿勢を社会に発信し続けていくことが、犯行を防止するとともに、社会に対する大きな戒めにもなり、本当に国民にとって安全安心な社会が実現する礎になるのではないかと思わずにはいられません。

心斎橋通り魔殺人事件――再犯と責任能力

杉本吉史・髙橋正人

出所直後の犯行

２０１２年６月10日、大阪の繁華街である心斎橋地区で通行人の南野信吾さんと佐々木トシさんの２人が無差別に包丁で刺されて殺害された事件が起きました。

犯人は、事件の直前まで覚せい剤取締法違反の罪で新潟刑務所に服役しており、出所後、出身地の栃木県内にある薬物依存者の支援施設「ダルク」に入所しました。

しかし、犯人はキャッシュカードを施設の事務所で預かると言われたことなどに不満を抱き、短期間で施設を出所し、服役中の刑務所で知り合った男を頼って、大阪に出てきていたのです。

ところが、その男に仕事の話を聞いたところ、覚せい剤の密売などのうさん臭い話ばかりで気が進まなかったといいます。犯人の供述によれば「身内に見捨てられ、大阪で紹介された仕事もろくなものでなかったため、嫌気がさし、自殺をしたいという気持ちになって、心斎橋地区にある百貨店で包丁を購入」、そして「人通りが少ない所まで歩いて、包装を解いて包丁を自分の腹に向けたが刺すことができず、自暴自棄になって２人を殺害した」というのが犯行の理由です。

その殺人行為は、南野さんに馬乗りになって容赦なく腹部や首などに複数回包丁を突き刺すというものでした。また、もう１人の佐々木さんに対しては背後から突進して突き刺し、倒れた佐々木さんの腹部や首をさらに何度も刺し、一旦離れようとしたものの、更に一撃を加えて死に至らしめるといった残忍なものでした（大阪地裁「判決文」に基づく）。

犯人は逮捕直後の供述では、「自殺しようとしたが死にきれず、人を殺せば死刑になると思った」と述べていました（ただし、１審の裁判では、その供述を聴いたという警察官の証言は信用性に疑問があると指摘されています）。

ところがその後、弁護人が選任されると、犯人は「当時、〝刺せ、刺せ〟〝包丁を買え〟といった幻聴が聞こえてきて、自分はその幻聴に従って人を刺し殺すことを決意した」などと言いだしたのです。

そのため、裁判では犯人の責任能力が争われることとなりました。

裁判員裁判で認められた完全責任能力

1審の裁判員裁判では、犯人の責任能力に関して、2人の精神科医が証言を行いました。1人の鑑定人は、「被告人には覚せい剤中毒後遺症があり、そのために葛藤に対する耐性が低く、人格の偏りはあるが、幻聴があったとしてもそれが被告人の考えを支配するほどの影響力があったとは認められない」としました。

他方、もう1人の精神科医は、捜査段階で鑑定を行った医師の補助をした医師でしたが、「幻聴に強く影響された犯行であった」などと述べました。

判決では、これらの点について「犯人は犯行を躊躇するなど、現実を吟味し、適切な対処を選択する能力はあったとする先の鑑定人の説明が合理的である」とする一方で、「もう1人の精神科医の意見は前提となる事実関係やそこから結論を導く過程に問題がある」と結論づけ、「本件犯行は幻聴の影響が大きくはない状況下で犯されたものである」と完全責任能力を認めました。

そして、次の点を理由に死刑判決を下しました。

「無差別殺人の罪質の悪質さ、滅多刺しした犯行態様の残虐さ、2名死亡等の結果の重大さ、ダルクに戻るなど生活構築手段もあったのに、自暴自棄になった動機の身勝手さ、計画性は低いが、包丁購入時に殺害も選択肢として存在し、犯行決意後は包丁を裸のまま紙袋に入れて臨むなど一定の準備行為をし、強固な殺意で敢行したことから、重視すべきでない（中略）本件は2名殺害の事件で最も重たい事案であり、反省態度と生命・身体犯の前科がないことから更生可能性がないとは言えないが、犯行に鑑み、死刑回避には足りない」

この判決は、裁判員6名、裁判官3名の合議によって結論づけられたものであり、その重みは相当なものがあるといえるでしょう。

覆った死刑判決

この1審の死刑判決に対し、被告人側は控訴をしました。

控訴審は、市民である裁判員は関与せず、3人の裁判官によって行われる裁判です。

犯人の弁護人は、当初定められた控訴趣意書の提出期限の延長を2回に渡って求め、裁判所はその申し出を認めました。そして、その結果提出された控訴趣意書に関して公判が行われました。

一方、被害者の南野信吾さんの妻である有紀さんは、1審の裁判と同様に法廷に立ち、犯人の控訴を認めないように訴えました。

しかし、裁判所は犯人側の控訴を認め、1審の死刑判決を破棄、無期懲役刑を言い渡したのです。その理由は次のとおりです。

①殺害された被害者が2名で、それ以外の人的被害は生じていないこと、②1審判決が、計画性が低いことは量刑上特に重視すべきとはいえないとした点が不合理であること、③精神障害の影響が否定できず、④動機原因においても酌むべき事情が全くないとまでいい切れないこと、に照らせば、死刑の選択がやむを得ないとはいえない。

果たして、この理由は1審判決で死刑を下した裁判員裁判で示された一般市民の感覚からみて合理的なものといえるでしょうか。

判決は計画性が低かったことが、被害者が2名に止まった理由のように言っていますが、それは単に犯行現場近くに警察署があり、犯行開始後直ちに警察官が駆けつけて犯人を取り押さえたからにすぎません。

また、犯人の精神障害は、覚せい剤の再使用をしてきた結果のものであって、被告人の意思の弱さや努力不足に起因するとまでは言い切れないとしているのですが、果たしてそう言えるのでしょうか。

この判決内容が裁判員裁判の結論を覆すに足りる理由を示しているとは到底思えません。この判決に対し、有紀さんは、何とか検察が上告をするようにと周囲への働きかけやネット署名の活動に取り組みました。その結果、検察はこの高裁判決が不当であるとして最高裁に上告を行いました。

しかし、最高裁はその上告を認めませんでした。最高裁は、控訴審の判決が計画性の有無・程度をもって本件犯行に対する非難の程度を判断する指標であるかのように説示する部分については是認することができないとしながらも、次のように判断しました。

①被告人が本件犯行当時、覚せい剤中毒後遺症の状態にあったのは、被告人自身による長期間の覚せい剤使用が原因であるというほかないが、覚せい剤中毒後遺症による幻聴が本件犯行に及ぶ一因となっていたことは、量刑上考慮すべき要素ではある、②被告人が幻

聴に従ってしまおうと決意し犯行に及んだことは誠に短絡的で身勝手であるが、更生に向けて行動を起こしながらもそれらがかなわずに自暴自棄に至ったことが本件犯行の原因になっていることに斟酌の余地がある、③被告人は、本件犯行の約10分前に包丁を購入しているものの、その時点では殺人の犯意がまだ確定していなかったといわざるを得ない。無差別殺人について特段の計画や準備をしたとも認められず、本件は場当たり的な犯行であることから、高裁の判断が不当であるとまではいえない。

この結果、犯人については無期懲役の刑が確定しました。

責任がありながら減刑される矛盾

この最高裁の理屈について、「確かにその通りだ」と納得できるでしょうか。一体何を言っているのだろうと感じる方も多いのではないかと思います。その最たる部分が、「覚せい剤中毒症状に至ったのは被告人による長期間の使用が原因であるが、そのため幻聴が生じ、それが犯行の一因になったことは量刑上考慮すべきであるから無期に減刑する」と述べたところでしょう。

判決後、有紀さんと中学生の娘さんが東京地裁・高裁にある司法記者クラブでの会見に応じましたが、この会見でご遺族は、「覚せい剤中毒症について被告人に責任があるとしながら、量刑上考慮すべきとしたことは矛盾である」とハッキリ批判しました。

そもそも、覚せい剤を使用すること自体が問題であり、厳しく非難されるべきであるのに、それが原因で罪を犯すと刑が軽くなるという理屈は支離滅裂です。この論理が成立するのであれば、お酒を浴びるように飲んで泥酔し意識朦朧とした人が、自動車を運転して誤って人をひき殺しても、刑が軽くなりますよと言っているのと変わりがありません。しかし実際には、危険運転致死罪となり、普通の交通事故の過失運転致死罪より約3倍も刑が重くなります。ですから、覚せい剤使用後の凶悪犯罪も、刑が重くならなければつじつまが合わないのです。

これが一般的な感覚であり、その良識を反映させたのが、第1審の裁判員裁判だったはずです。法律家が考え出した理屈で刑を軽くするというのでは、法律家の「常識」を是正しようとして始めた裁判員裁判を行う意味がありません。

また、有紀さんは、犯人が自暴自棄となって犯行に至ったことについて、それが量刑上斟酌の余地がないとはいえないとした理由についても、やはり一般市民の目から見ておかしいと指摘されました。

実は、裁判員裁判が始まる前年の2008年に最高裁が裁判員裁判の模擬裁判を全国で展開したところ、参加した市民は、計画的な犯罪よりも、突発的な犯行の方に刑を重くするという事例が出たのです。

一方で、これまで法律家は、長年にわたって、計画殺人は犯行をより確実に遂げやすくなり、危険性が高まるから刑が重くなると説明してきました。なぜなら、自分が恨みを持っている特定の人間を殺そうと思ったら、その人がどういう活動をして、どういう生活態様であるのか事前に把握し、下見をしなくてはいけません。相手が狙われていると分かっていれば、いつも警戒していますから、よほど計画をしっかりと立てないと犯行は遂げられないというのが理由です。

ですが、危険性という面から考えれば、無差別殺人のほうが、より一層、犯行を確実に遂げやすいと言えるのではないでしょうか。何の防御もしていないところに、突然後ろから刺すのですから、刃物を買っただけで準備としては十分であり、あとは手当たり次第に通行人を刺して回れば簡単にやり遂げることができます。刃物を購入した時点で、犯行を遂げる危険性が高まったと言えるはずです。

こうした一般的な感覚を、それまでの法律家や、最高裁の判決は見過ごしてきました。それを気づかせたのが、裁判員裁判の参加者だったのです。にもかかわらず、最高裁はそれを一顧だにしませんでした。

さらに有紀さんは、被害者の数が死刑判断の基準になることについても強い疑問を述べていました。

かつて、「人の命は地球より重い」と言った裁判官がいました。現在の死刑基準は被害者が3人以上ですが、もし、2人殺したのではダメでも、3人殺せば死刑になるという意味であれば、被害者から見れば「加害者の命は地球3個分」と言っているようなものです。では、被害者の命は何個分なのでしょうか。

確かに、今は裁判員裁判の導入の過渡期ですから、裁判体（裁判官と裁判員の合議体）によって、ある程度、死刑か無期かについてブレが生じてしまうかもしれません。死刑囚の中には、あの裁判員裁判だったら無期になったかもしれない、不公平だ、と思う者もいるかもしれません。

しかし、5年、10年と裁判員裁判の判決例が積み重なっていけば、一般市民の感覚が集積されて、死刑に関しても、市民感覚に見合った一つの基準ができあがります。その基準に従えば、公平性が保たれます。職業裁判官がいわゆる「永山基準」を作って死刑判決にあたる場合とそうでない場合の公平性を維持したように、市民が「市民基準」を作り上げていけば良いのです。

最高裁の判決では、死刑には慎重にならなければならないと述べましたが、死刑に相当する事件だからこそ、きちんと市民感覚を反映させた公平性を保ってほしいと思います。

会見の最後に、有紀さんの中学生の娘さんは、1審の裁判員裁判の下した結論を覆したことについて、もしこのような判決がこれからも続くのであれば、もう裁判員裁判は要らないと断言しました。

私たちは、このご遺族の言葉を重く受け止める必要があると考えます。

第5章　被害者遺族からの手紙

私が願ったのは全員の死刑——闇サイト殺人事件

磯谷富美子（被害者遺族）

集まった33万筆の署名

「一人の被害者では、日本の司法では、なぜか死刑にはならないだろう」

事件が起きて早々に、見ず知らずの方から送られてきた手紙の一節です。

娘の磯谷利恵は、２００７年８月24日から25日にかけて起きた強盗殺人事件の被害者となり、見知らぬ３人の男たちの手によって31歳という若さで人生を終えました。事件の概要は、名古屋闇サイト殺人事件の紹介のとおりです。判決は、被告３人の死刑求刑に対し、神田が死刑、堀と川岸は無期懲役でした。その後、神田は２０１５年６月に刑が執行されました。

この手紙を読むまでは、娘を殺害した３人の男たちは、当たり前のように死刑になると思っていました。しかし、何の関係も落ち度もない娘の命を奪ったのに、奪った者の命は保障されるというのです。当然納得などできるはずもありません。法律の知識など全くない私どもが思いつくのは、「３人の極刑を求める」ための署名活動しかありませんでした。

事件からわずか20日後に、姉と2人で活動をスタート。署名用紙を送る宛名書きは毎夜2時、3時まで続き、手首は腱鞘炎のような痛みを覚えるほどでした。娘の死を悲しむいとまもない多忙さが、精神的にはかえって良かったように思います。仕事に復帰してからも多忙な状態は続き、身体を心配した姉に説得され退職。また、署名用紙を求めて見知らぬ人が訪ねてくることもあり、ひとりで生活する事を考えると、怖くて転居せざるを得ませんでした。

署名活動は、死刑を求める内容にもかかわらず、多くの方々が私たち遺族の気持ちに寄り添って賛同してくれました。「鬼畜としか思えない彼らの極刑を願います」「周りの友人知人に声をかけ、署名を募ります」「お母さんは一人ではありません。お母さんの後ろには応援する人が沢山ついています」などなど署名に同封されたお手紙や送られてくるメールがどれほど大きな支えになったことでしょうか。暗くて深い闇の中でひとりポツンと取り残され、涙も出ないほどに打ちのめされた私が一歩踏み出す勇気と元気になりました。皆様にはただただ感謝の気持ちで一杯です。この活動は全ての裁判が結審した事を受けて、娘の5年目の命日に終了しましたが、ご協力いただいた方は33万2806人になります。この間、一度も活動をやめようと思った事はありません。

白無垢に見えた白装束

娘は事件に巻き込まれる前に、このような言葉をミクシィの日記に残していました。会社関係の方が突然お亡くなりになった時に書いたものです。

「人と人との繋がりって、普通に今日も明日も変わらずに続くと無意識に信じてしまっていますが、今回みたいな事があると思い知らされます。どうして明日もまた、無邪気に会えると信じてしまっているのでしょう。もっと身の回りの人との関係を、大事にしていかないとなって思いました。今、この時が、最期になるかもしれないのですよね」

まさか、この3カ月後に、自らの命が犯罪によって喪われるとは想像だにしていなかったことでしょう。日記にこう書き込んだ本人が当事者になる――。誰が被害者や遺族となってもおかしくない社会なのです。

私にしても、突然の悲報は当然受け入れることなどできませんでした。警察署で会った娘は、ブルーシートに包まれて首から上だけが出ている状態で、顔には何カ所も青あざが広がっておりパンパンにむくんでいました。眉間や左ほほ、顎には傷があり、バリバリに固まった髪の毛は、大量の出血を想像させました。その左側頭部はガーゼが当ててあり、傷口を隠してありました。

そんな娘の顔を見て、強く抱きしめると痛いのではないかと思い「お母さんがいるからもう大丈夫よ。安心して。もう怖くないからね」と言いながら、そっとなでることしかできませんでした。

当時の事はあまり覚えていませんが、今でもはっきり覚えているのは、ほほをつけた時の娘の異常な冷たさです。亡くなったという現実を突き付けられたショックが、記憶としてとどまったのかもしれません。

また、司法解剖を終え、物言わぬ姿で帰宅した娘の両手首は、手錠を掛けられていたために変色し腫れていました。どれほど怖かったことでしょうか。どれほど苦しかったことでしょうか。どれほど痛かったことでしょうか。そして、どれほど生きたかったことでしょうか。

茶毘に付す前、私は娘の顔の青あざを少しでも隠してあげたいと思い、姉と2人で化粧をしてあげました。すると、娘は花嫁と見違えるばかりになりました。私には解剖の跡を隠すように覆った綿のようなものが綿帽子に見え、白装束が白無垢に見えたのです。

一緒に娘の花嫁姿を見ることを想像していた主人は、娘が1歳9カ月のときに、急性骨髄性白血病で亡くなっています。それからというもの、私は娘を生きがいに事件までの30年間をずっと一緒に暮らしてきました。片親だからと言って、人に指をさされるような子供には絶対にしないとの思いで厳しく育ててきました。娘もそんな私の気持ちをわかってくれて、真面目で優しく、よく気がつく子に育ってくれました。娘の幸せが私の一番の幸せでした。

貯金を守り通した母への思い

でも、そんな娘の命を、大の男が3人がかりで奪ったのです。娘は、本当に惨い殺され方をしました。腕や紐で首を絞め、ガムテープを顔面に縦横と23周も巻き、レジ袋を頭からすっぽり被せ、首から顎にかけてガムテープを8周巻いて止め、既に痙攣の始まっている娘に対し、その頭に30回から40回ほどハンマーを振り下ろしたのです。

「殺さないって言ったじゃない……お願い助けて……死にたくない……お願い話を聞いて……」と、とぎれとぎれの絞り出すような最期の言葉を聞いても、「まだ生きてやがる」と行動はエスカレートするばかりでした。娘は3人がかりのために手足の自由を奪われ、抵抗もできない状態の中で虫けらのように殺されていきました。検察は生き埋めと同じだと言いました。死因は窒息死です。

親として、子供をこのような形で亡くすことほど辛く苦しい事はありません。

娘は生前親しい人に、「一番の親不孝は親より先に死ぬ事だから、私は絶対にそんな事はしない」と言ったそうです。ですから薄れゆく意識の中で、ひとり遺していく私の事を心配していたのではないかと思うと胸が苦しくなります。

こうしてあえて惨い内容を記したのは、「死刑反対」と軽々しく口に出して欲しくないからです。私が３人の死刑を望むのは当然のことです。皆様も、最愛の人が何の落ち度も関係もないのに、このような形で命を奪われたとしたら、同じ思いになるのではありませんか。それでも生きて償わせるとおっしゃるのでしょうか。

一方で、娘は、彼らのどんな脅迫にも屈しませんでした。語呂合わせでニクムワと読める２９６０という嘘の暗証番号を彼らに伝えたのです。狭い車の中で、自分よりずっと体格の大きい見知らぬ３人の男たちに囲まれ、手錠をかけられ、包丁で脅された状態で、嘘の暗証番号を選択した娘の心情を思うと、いたたまれない気持ちで一杯になります。

神田はこの時の震える娘の状況を、友人に立ちあげてもらったブログで「ガッタガタのマグニチュード10」と表現しています。当然誰も、こんな状況で聞き出した番号が嘘の暗証番号だとは思いません。確認もせずにすぐに命を奪ったのです。

私は、主人とマイホームを持つという約束をしていました。その事は娘も知っていました。分譲マンションのチラシや、家に関する番組があるとよく娘と一緒に見たものです。それは2人にとってとても楽しい時間でした。

そして、亡くなった後に知りました。守り通したお金は、亡き主人との約束だったマイホームを持つという夢を、娘が叶えようとして貯めていたものだったということを。

「誰のおかげで事件が解決したのか」

1審の論告で検察は、「この母親の切望に応えることこそ、法に課された使命とも言うべきである」と言ってくれました。そして、「被告人らの死刑を望む遺族らの意思は、被告人3名の量刑を決めるにあたって、最大限に考慮されなければならない」と。

死刑は絞首刑で娘と同じ窒息死です。できる事なら、娘と同じやり方で刑を執行してもらいたいほどでした。

しかし、自分が復讐できないなら、せめて死刑判決をとの願いも「被害者が1人」という事で叶いませんでした。

被害者の数を重要視する裁判官こそ、人の命を軽んじているのではないかとさえ思いました。全ての裁判が結審し私の心に残ったのは、娘の無念を晴らせなかった悔しさと、司法に対する不信感だけです。

堀は死刑から無期懲役に減刑された途端、それまでは申し出ていた謝罪の手紙を送りたいとの偽りの懺悔もなくなり、何も言ってこなくなりました。本気で反省し謝罪する気があったら、これまでに行った犯罪を自供していたはずです。さらに、減刑した2審判決でさえ、「自らが行った行為に対し、正面から向き合って真摯に反省しているとまでは言えない」としています。無差別強盗殺人を犯し、4年近く経っても反省できない人をどうして更生の可能性があると判断できたのでしょうか。

堀は無期懲役が確定してからひと月も経たないうちに、娘の事件の9年前に犯した、面識のない人を2人も殺害した強盗殺人事件で逮捕され、その翌年には、娘の事件の1年前に犯した別の強盗殺人未遂事件で逮捕されました。

これで2審の裁判官や犯罪心理鑑定人の、「犯罪傾向性は進んでいない」「犯罪への親和性は低い」とした判断が誤りだったことが明らかとなりました。この2つの事件の裁判では、堀は死刑、共犯者の2人は無期懲役が確定しています。

もう1人自首減刑で無期懲役が確定した川岸は、1審の判決が下されたその日の取材で、「誰のおかげで事件が解決したかとの思いだったから満足している。今でも悪い事はばれなきゃいいという気持ちは変わらない」と答えています。

これまでの裁判を通し、自らの身勝手な欲のために、何の関係も落ち度もない人の命を簡単に奪える者は、善悪に対する根本的な考えが一般の人とは違うという事を知りました。被告の1人は、殺害行為は仕事感覚だと言いました。ゴキブリを殺すのと一緒だと。人はどのような人でも最低限の道徳心は持ち合わせていると思っていましたが、それは大きな誤りで、綺麗事では済まされないどうしようもない人間が存在する事を認識する必要があります。このように考えると、加害者の更生という未来の不確定なことを前提に裁くのではなく、真面目に生きている人を守る事を優先して裁く司法であって欲しいと思います。

娘の笑顔が変わるとき

次の言葉は、2審の裁判の時に裁判長に向かって話した内容です。

「私はある日突然、見知らぬ3人の男たちによって、たったひとりの家族である娘を惨殺され亡くしました。その事により仕事を辞め、30年住んだ住居を去り、裁判や署名活動で多額の費用を使いました。

娘は、真面目に生きていただけなのに、31歳という若さで強制的に人生を閉じられ、夢や希望、未来の全てを奪われてしまいました。

かたや罪を犯した者は、三食税金で食べさせてもらい、体調が悪いと診てもらえ、裁判ではひとりに2人や3人の国選弁護人をつけてもらい、犯罪心理鑑定などの手厚い弁護を受け、あげくに好き勝手な言動でより以上に遺族の心を逆なでします。

娘の最期の言葉に耳を貸さずに命を奪ったのに、自らの命は守ろうとして叶えてもらいます。これってとてもおかしなことに思えます」

残念ながら、3人の裁判官には遺族の思いは届きませんでした。

私は被害者やその家族の人権や処遇を、被疑者や被告人同様に憲法に明記して欲しいと思います。

大切な人が殺されたら、ほとんどの遺族は死刑を求めます。裁判でより重い刑を科してもらうことしかすべがないのです。しかし、被害者より加害者の利益を優先する今の裁判では、遺族はさらに辛い苦しみを強いられてしまいます。遺族の唯一の望みである死刑判決まで取り上げるような日本にならない事を切に願います。

月日の経過とは別に、娘との時間はあの日以来止まったままで進むことはありません。今でも31歳のままの娘が生き続けています。その娘は、いくら声をかけても決して言葉を返してはくれず、黙って笑顔を見せるだけです。いつしかその笑顔が、警察署で見た悲惨な顔や証拠写真の無残な姿に変わる時、耐えきれずに泣きながら頭の中から娘を消し去ります。時間にするとほんの数分のことですが、私が生きている限りこの繰り返しが続くのでしょうか。できることなら、娘との楽しかった思い出だけを胸に生きて行きたいと願います。

最後に、死刑反対の人にお聞きしたいことがあります。あなたの娘や息子、愛する家族の命を奪った加害者に対しても、あなたは堂々と死刑反対と言えるのでしょうか？　本当に親として家族の一員として、反対で満足なのでしょうか。他人事としてではなく、自分に降りかかったらどうだろうかと、今一度お考え下さい。

夫と一緒に年を重ねたかった――心斎橋通り魔殺人事件

南野有紀（被害者遺族）

その日だけ玄関で振り返った夫

夫が亡くなる前日は土曜日で、早朝にもかかわらず、珍しく家族全員が起きていました。夫は大阪に出張することになっていて、娘たちは「お父さん、いってらっしゃい」、私は「気をつけてね」と声をかけて送り出しました。

玄関から出て行く夫は、なぜか躊躇したように一旦振り返りました。今までそんな事をした事がなかったので、心に引っ掛かっていましたが、「どうしたの？」と声を掛けることはありませんでした。

この日、6歳の長女と5歳の次女は、初めて2人だけで電車で5つ先の駅が最寄りの私の伯母の家に遊びに行きました。私は改札口で娘たちを見送り、伯母が駅のホームで迎えました。私は、何かあった時のため、娘たちに自分の携帯電話を渡し、自宅の電話番号を書いた紙も持たせました。娘たちが電車に乗った後、夫に電話しようと思いましたが、携帯は娘に持たせていた事を思い出しました。「夫が帰って来たら話そう」と私は娘たちの成長を喜ぶ夫の姿を思い浮かべていました。

当たり前の存在がいなくなってしまった恐怖

夫は長女、次女、1歳の三女の3人を何より大事にしていました。娘たちも、いつも仕事で忙しいけれど、たまの休みには遊びに連れて行ってくれたり、お菓子やおもちゃを買ってくれたり、何より同じ目線で遊んでくれるお父さんが大好きでした。

しかし、2012年6月10日、私たちの幸せな暮らしが一変してしまいました。

出張先の大阪で、通り魔に殺されてしまったのです。

犯人は、覚せい剤の使用で服役し、出所したばかりでした。犯行の理由は、「人を殺して死刑になりたかった」という身勝手なものでした。

事件直後、夫が亡くなった事を知らせようと、夫の恩師が私の携帯電話に連絡を入れてくれたのですが、電話に出るのは伯母の家にいる娘です。恩師の方は、娘に「お父さんが事故にあったのでお母さんと連絡が取りたい」と言ったそうです。その話を聞いた伯母から私に連絡が入り、私は、自宅の電話番号を恩師の方に伝えてくれるようお願いしました。

その後、恩師の方から電話があり、「落ち着いて聞いて。信吾が刺されて死んだ。大阪に向かって」と言われます。私は突然のことで、頭が真っ白になり、意味もなく家の中をうろうろするしかありませんでした。

ですが、とにかく夫のもとへ行かなければと思い直し、伯母の所にいる長女と次女をピックアップし、母と弟にも同行してもらって大阪へ向かいました。

新幹線のなかで、「お父さん、事故大丈夫かな」と娘が言います。私は、「何て返せばいいんだろう、どうしよう」とつぶやきました。しかし、母からは「今は言わなくてもいい」とだけ言われます。真実を知らない娘たちは初めて乗る新幹線に興奮していたので、その通りだと思いました。無邪気な娘たちを見ながら、私の胸はずっとバクバクしたままでした。そして、新大阪駅に着くと、車で迎えに来てくれた警察の方と夫の妹夫妻と一緒に大阪南署へ行きました。

警察署では、いったん食堂で待機しているように言われました。先に遺体安置所でもう一人の被害者である佐々木さんのご遺族が対面されていたためです。食堂には夫の両親もかけつけていて、親族で無言の時間を過ごしました。ようやく安置所に案内されることになると、私はエレベーターの中で娘たちに、「お父さん、死んじゃったんだ」とやっとの思いで伝えたのです。しかし、幼い娘たちはそのことが理解できず、お父さんは寝ていると思ったようです。私は私で、横たわり何も言わなくなった夫を見ても実感が湧きませんでした。対面時間は10分ほどしかありませんでした。

翌日は警察で手続きをし、東京へ帰ったのはその翌日です。東京駅には警察の被害者家族支援をしてくれる担当の方が車で迎えに来てくれ、葬儀が終わるまで付き添ってくれました。大変ありがたかったことを覚えています。

東京に戻ってからは落ち着く間もなく葬儀の打ち合わせが続き、精神的にも体力的にもかなり辛かったです。でも、どんなに疲れていても眠れない夜が続きました。

夫が亡くなったことを実感したのは、葬儀を終えて火葬場から夫を自宅から徒歩10分の実家に連れて帰ったときです。そして、ようやくほっとしたのか6日ぶりに眠ることができました。

自宅ではなく実家を選んだのは、夫が亡くなったという事実が怖くて仕方なかったからです。当たり前だった存在が突然いなくなってしまった恐怖を一人で受け止めることがどうしてもできませんでした。

その後、なんとか自宅に戻ることができましたが、時折吐き気に襲われ、包丁が怖くて台所に立つことができませんでした。母や友人が食事を作ってくれて本当に助かりました。

そんな私は、「何とか日常に戻さなければ、戻さなければ」と頑なに思っていました。仕事にもすぐに復帰し、長女の小学校の授業参観にも出ました。ただ、そこには〝お父さん〟がいっぱい来ていて、私は「何でうちの夫は居ないのだろう」と心が苦しくなりました。涙が溢れないようにトイレに駆け込みましたが、「この場に来なければ良かった」と後悔しました。

夫がいなくなってなにより子育てを一人でやらなければいけません。事件後、父が亡くなり、母も手術、入院を余儀なくされます。さらに、長女と次女も病気にかかり入院することもありました。他にも色々な事が続き、そうした時に夫がそばにいてくれたら、一緒に考えてくれたらと何度思った事でしょう。

娘たちも学校でお父さんのことを話す友達や、外出先でお父さんに甘える他の子供を見て、「私たちにもお父さんがいたはずなのに」と小さい胸を痛め続けていました。

「お父さんを返せ！」

事件から3年後の２０１５年5月にようやく大阪地裁で裁判が始まりました。

私が傍聴のために大阪へ行くと娘たちに伝えると、彼女たちは、日頃抑えていた感情が爆発したかのように号泣しました。

「お父さんを返せ！　私たち家族は幸せだったのに。お父さんがいて幸せだったのに。何でお父さんが殺されなきゃいけないの。お母さん裁判に行かないで」

大阪という場所がトラウマになっていたため、お母さんが行ってしまったら、お父さんのように帰って来ないかも知れないと思ったのです。

しかし、初公判前日、娘たちは私に手紙をくれました。

「私たちは大丈夫だから。私たちの代わりに、私たちの幸せな人生を奪った犯人に伝えて来て」

私は意見陳述で犯人の顔を直視し、「お父さんを返せ！」と娘たちの言葉を代弁しました。その後、地裁の判決では死刑が出たのですが、それを聞いた時、娘の思いが裁判員に伝わったと思いました。

娘たちは、お母さんが「お父さんを返せ！」と、ちゃんと伝えてくれたこと、そして死刑判決が下されたことを聞き、「自分たちからお父さんを奪った犯人は死んだ」と思っていました。

ところが、それから更に1年以上経ち、被告人の「死刑になるのは怖くて嫌だから、もう1回判断して欲しい」という身勝手な理由で、2016年11月に控訴審が行われることになりました。

娘たちは怒りを口にしました。

「お父さんを殺しておいて、何を言ってるの？　そんな事を言っている人がいるなんておかしい。お父さんは帰って来ないけど……。犯人が生きているなんておかしい。お母さん、私、裁判に行って犯人を睨みたい」

私は悩みましたが、娘たちにどんな影響が出るかわからないため、連れて行くことはできませんでした。

7年半もの歳月の末に

2017年3月、2審で死刑判決が破棄され、無期懲役になったと聞いた時、「まさか覆るはずはない」と我が耳を疑いました。

「犯行の計画性が低い。被害者が2名に留まり、覚せい剤を長年使用して幻聴があった事から刑を軽くすべき」との理由でしたが、とうてい納得出来る訳がありません。

「娘たちに報告出来ない」

茫然自失となり、傍聴に来てくれていた友人数人と、大阪の街をあてもなく歩くことしかできませんでした。

しかし、何かできないかと考え、上告するためにネット署名を行うことにしました。その結果、上告期日までの2週間あまりで3500件集まったのです。これは、裁判員裁判の民意が反映されなかったことへの国民の不信感の現れだと思います。犯罪被害者支援弁護士フォーラムの先生方と上告するよう最高検察庁へ申し入れにも行きました。

大阪高等検察庁が上告をした時は、思いが通じて「娘たちにちゃんと報告できる」と本当にうれしかったです。

最高検察庁からの連絡がないまま2年が経ち、2019年を迎えました。この年の5月は、日本の社会を変えるために裁判員裁判がスタートして10年を迎えた節目にあたります。

これまでに裁判員裁判の死刑判決が破棄された事件は5件で、私たちより前の4件は最高裁判所で無期懲役が確定されていました。「私たちの裁判はどうなるのか。こんなに待たされるのは慎重に審理され、裁判員裁判の意味を示してくれるのではないか。夫の事件が過去の判例にとらわれず、今後の基準となっていくのだ」と、最高裁判所を信じていました。

そして、11月1日、最高検察庁より第一小法廷で公判が開かれると連絡がありました。弁論が開かれないため、無期懲役が維持される可能性が高いと報道がありましたが、わざわざ公判を行うには意味があると希望は捨てませんでした。また、上告の際に行ったネット署名も再度募りました。

友人知人に協力依頼の連絡をすると、「まだ裁判終わっていなかったの？」「まだ死刑になっていなかったの？」など、7年半もの年月が事件を風化させていることを感じさせるものでした。

2019年12月2日、3人の娘と一緒に最高裁判所に向かいました。幼かった娘たちは、すでに中2、中1、小3になっていました。「お父さんを殺した犯人の判決を自分の目の前で聞きたい」と言われ、どんな結果になろうと家族で臨もうと決めたのです。

ですが、最高裁判所が出した判決は2審の判断を維持した無期懲役。これで5件死刑判決が覆ってしまいました。裁判員の民意が反映されなかった事になります。

私は、裁判員裁判が始まる前の過去の判例と比べられてしまっては、裁判員裁判が導入された意味があるのか非常に疑問に思います。裁判員だって、2カ月悩みに悩んだ判断が、

2審で簡単に覆ってしまうのであれば納得は行かないでしょう。しかも、今回の判決では、裁判員に選ばれた方が仕事、日常生活を中断し、残酷な事件を見せられ、苦悩の末に下した死刑判決を覆した理由は全くありませんでした。

記者会見に臨んだ長女の言葉

7年半のあいだ、犯人からの直接的な謝罪はなく、反省の弁も一切伝わって来ません。国民の税金を使って拘置所内でダラダラとして、自分が犯した罪と向き合う事もなく、きっとなかった事にしているのでしょう。

夫は生きて行くべき人生を全うできず、とってもくやしかったはずです。何より大事にしていた娘たちの成長を見届けられなかった事が残念でならないでしょう。私も夫と共に年を重ね、一緒におじいちゃんおばあちゃんになりたかった。

それなのに、なぜ、犯人の権利ばかりが主張されるのでしょうか。通り魔の計画性の定義とはなんなのでしょうか。自らの意志で覚せい剤を使用した事が犯行に影響したと認めていますが、そんな身勝手な行為を夫が負わなければいけないのでしょうか。

「死刑は国家が行う究極の刑罰で、非常に慎重に考えなければならない」と言われますが、夫はもう一人の佐々木さんと共に犯人に殺されました。命の重さが平等であるなら、公平性の観点と言うのであれば、何の落ち度もない2人の命を奪っている犯人は2度死ななければならないはずです。

死刑制度には賛否あり、プロの法律家の中でも死刑に関しては一律の見解がありません。どの裁判官が裁判を担当するかで判決が変わってしまう事があるのではないでしょうか。ここでの公平性にも疑問があります。

「裁判に誤りがあったとき死刑にしてしまうと取り返しがつかない」「刑罰であっても人を殺すことは人道に反し野蛮である」「国家であっても人を殺すことは許されない」「死刑を廃止しても凶悪な犯罪が増加するとは思わない」「生かしておいて罪の償いをさせた方がよい」などと死刑廃止論を支持する人は言います。

しかし、夫は殺されてしまったんです。生きるべき権利を奪われたのです。なのになぜ、夫を殺した犯人は生きているのでしょうか。

生きて反省しなくてもいいです。

更生しても夫は戻りません。

なぜ、夫を殺した犯人の更生に被害者遺族が協力しなければならないのでしょうか。夫が生きていないのに、犯人が生きている事が納得できません。
この事件は冤罪ではありません。国家であっても人を殺す事は許されないのに、犯人が夫を殺す事は許されるのでしょうか。

最後に、長女がＬＩＮＥのタイムラインに上げたものを紹介させてください。

今日、最高裁の裁判が終わりました。
結果は棄却でした。無期懲役のままです。
心を痛めて答えを出してくれた裁判員の皆様、
毎年追悼ライブをしてくださっている方々、
死刑判決が下るように努力してくださった方の努力が無駄となってしまいました。
こんな結果になるなら、最高裁で裁判をする意味があったのか。
そう思うほど短い裁判の時間、内容でした。
会見を開くことができ、自分の気持ちを言う事ができました。
悲しくて悔しくて泣いてしまったりしたけど、

家族や父や母の友人が支えてくれました。賛同したり、7年半今まで協力してくれた色々な方々、本当にありがとうございました。

これからの未来に向けて【裁判員裁判制度の意味】を考えて欲しいです。

二人の命を奪ったこの事件をきっかけに考えて欲しいです。

長女は、私が最高裁判決後に記者会見をするか悩んでいると、「私も同席する」と言ってくれました。

これからの未来を担う、14歳の長女の言葉を重く受け止めて、改めて裁判員制度、死刑制度の意味を法曹界で考えてもらいたいです。

裁判が終わっても、被害者や遺族の悲しみは終わる事はありません。

遺族の陳述「人生が180度変わった」――熊谷連続殺人事件

上谷さくら

警察取り逃がし後の凶行

2015年9月、人口約20万人の地方都市である埼玉県熊谷市は、騒然とした空気に包まれました。わずか3日間で、3家族6人が自宅で何者かに殺されるという凶悪事件が発生したからです。

この事件の犯人は、ペルーから仕事で日本に来ていたナカダ・ルデナ・バイロン・ジョナタン（以下「バイロン」と言います）という当時30歳の男です。バイロンは2015年9月13日に民家の敷地内に侵入し、熊谷警察署に任意同行されます。ところが、聴取の途中、タバコを吸うために警察署の玄関先に出たところで、財布や携帯、パスポートなどのすべての所持品を警察署に置いたまま、猛ダッシュで逃走し、警察官の追跡を振り切り、行方不明になりました。そのころバイロンは別の民家に侵入して家人に金を要求したり、通行人に金の無心をしたりしていましたが、警察犬もバイロンにたどり着けませんでした。

その翌日である9月14日、バイロンは、熊谷市在住の50代夫婦宅に侵入して夫婦を殺害し、2日後の16日には熊谷市内で一人暮らしをしていた80代女性宅に侵入して女性を殺害。その後、すぐ近所に住む加藤さん（名前は非公表）の自宅に侵入し、妻の美和子さん（当時41歳）、長女美咲さん（当時10歳、小5）、二女の春花さん（当時7歳、小2）の3名を殺害しました。後の捜査によって、バイロンが殺害した被害者宅から金品を盗んだり、美咲さんに何らかの性的行為をしていたことも明らかになりました。

バイロンは加藤さん宅で3人を殺害した後、その場にとどまっているところを警察に発見されますが、2階から飛び降りて頭部を強打・骨折して病院に運ばれました。その時は意識不明でしたが、9月24日に意識を回復し、10月8日に退院して逮捕されました。

「被害者参加」を決断

事件から約8カ月後、バイロンは、住居侵入、強盗殺人、死体遺棄罪で起訴されました。しかし、裁判が始まるまでにそこから約1年8カ月もの時間を要してしまいます。バイロンに事件当時、責任能力があったかということと、事件後、裁判を受ける意味を理解できるか、という訴訟能力を巡って精神鑑定が何度も行われたからです。

検事から、「裁判自体、開けないかもしれない」、「裁判をしても責任能力がないということで無罪になるかもしれない」と説明を受け、加藤さんはその理不尽さに苦しみます。バイロンに何かの異常がなければ、何の落ち度もない人を6人も殺せるはずはないからです。

加藤さんは、家族3人を一度に失った悲しみ、怒りに押しつぶされそうな気持ちを必死につなぎながら、裁判が始まるのを待つしかありませんでした。家族で住んでいた家が殺人現場となってしまい、そこに一人で暮らすのは耐えられないので実家に戻り、仕事もずっと休んでいました。

加藤さんは、裁判に「被害者参加」することを決めました。被害者参加とは、事件の被害者や遺族が、刑事裁判に参加して審理に関わり、被告人に質問したり、検察官とは別に求刑したりできる制度です。その際、弁護士に援助を求め、一緒に活動することができます。その役割を担う弁護士を「被害者参加弁護士」といい、被害者参加する被害者やご遺族に制度の説明をしたり、被告人質問や求刑意見を一緒に考えたり、被害者参加人に代わって意見を述べたりします。髙橋正人弁護士と私は、加藤さんから委託を受け、被害者参加弁護士として活動することになりました。加藤さんは、被害者参加をする理由について、「なぜ自分の家族が殺されなければならなかったのか、バイロンに直接聞きたいから」と話してくれました。

2018年1月、ようやく裁判員裁判が始まり、予定通り、加藤さん、髙橋弁護士、私も一緒に参加しました。バイロンは、法廷で不規則発言を繰り返し、なんらかの精神疾患があることは見て取れましたが、供述内容から事件のことはしっかり認識しているようでした。

加藤さんは、被害者参加制度を利用し、全ての期日に出席して審理を見守り、自ら被告人質問をしたうえで、「心情に関する意見陳述」を行いました。裁判官と裁判員に、加藤さんの妻と娘たちがどれほど素晴らしい人だったか、かけがえのない人だったか、3人を失ったことがどんなに辛いか、加害者を憎んでいるかを知ってほしかったからです。少し長くなりますが、加藤さんの当時の心情がよくわかるので、意見陳述をそのまま載せます。

×　×　×　×　×

「心情に関する意見陳述」

1　はじめに

私は被告人から妻と2人の娘を殺された被害者遺族です。ある日突然、4人家族が私1人になってしまいました。なぜ、私の家族がこんな目に遭わなければならなかったのでしょうか。なぜ私は今、1人なのでしょうか。私の妻と2人の娘がどんな人だったか、私にとってどれほど大切な存在だったか、皆さんにぜひ知っていただきたいと思います。そして、あの事件で180度変わってしまった私の生活、被告人に対する怒り、この裁判で思ったことなどを率直に述べます。

2　妻と出会って結婚するまで

妻は、私の友人が勤めている会社で、友人の部下でした。その関係で私が23歳、妻が22歳の時、飲み会で初めて会いました。その後も何度か飲み会で顔を合わせることがあり、妻がとても思いやりのある女性であることが分かってきました。例えば、大勢でアウトドアに出かける時も、あらかじめ皆の役に立つような準備をしてくれており、私だけではなく、他の人に対しても平等に、その場にいる人全員が気持ちよく過ごせるように配慮できる人でした。

そんな妻の人柄に惹かれ、出会ってから3カ月ほどで、私の方から正式に交際を申し込み、妻も快諾してくれました。2人とも社会人でしたが、週に1、2回は電話やメールをし、よほど用がない限り、週末は必ずデートしました。地元の観光地に出かけたり、一緒に釣りに行ったりすることが多かったです。妻は景色のいい場所が好きで、時々ドライブもしましたし、都内に出て買い物を楽しんだりもしました。私の誕生日には、手編みのセーターをもらったこともありました。私からは、主にアクセサリーをプレゼントしていました。クリスマスにはちょっとおしゃれなお店に食事に行ったり、初詣に出かけたりして、ごく普通のカップルとして仲良く過ごしていました。

妻と交際を初めて7年くらいたった頃、自分が30歳になったこともあり、友人たちが次々と結婚するようになって、私も結婚を意識するようになりました。そして、平成16年1月ころ、具体的な言葉は忘れましたが、妻にプロポーズしたら、妻はとても嬉しそうな笑顔を見せてくれました。そして、その年の3月25日、妻の誕生日に婚姻届を提出しました。私は妻のことを8年も待たせてしまいました。結婚後、妻は時々冗談めかして、「なにしろ私は8年も待ったんだからね」と私に言いました。妻は本当に器の大きい女性でしたが、私を8年待っていてくれたことが、それを一番よく表しているエピソードだと思います。

新婚旅行は沖縄に行きました。首里城や美ら海水族館などの観光名所のほか、沖縄本島から近い水納島という島の本当に美しいエメラルドグリーンの海で、2人で泳いだことが鮮明に思い出されます。生きていて楽しいという実感を抱くことができた大事な大事な思い出です。

3　妻の人となりについて

妻は、とても器の大きな人でした。子供が生まれて夜泣きしても、「赤ちゃんはそういうものよ」と言ってイライラすることはありませんでした。私は妻の包容力に感心しました。

どんな時も相手の立場にたち、「こういうことをしたら喜ぶかな」ということを常に考えていました。人に対する思いやりの気持ちが強く、人や物に対する感謝の気持ちを常に抱いている人でした。誰に対してもいつも「ありがとう」と言っていましたし、自分が愛用するものは長く大事に使っていました。10年ほど前、私が仕事上の人間関係で辛い時期があって悩んでいたのですが、妻は「何があってもついていくよ」と励ましてくれて、それが転機となって転職することができました。私のわがままも飲み込んでくれて、夫婦喧嘩はほとんどありませんでした。どちらかというと、私が妻に甘え、妻が私を受け止め、包み込んでくれていたと思います。私は妻を、一人の人間としてとても尊敬していました。

手芸などの細かい作業が得意で、子供が学校で使う上履き袋なども子供たちが好きな布地を使って手作りしましたし、子供のために手袋を編んだり、私の誕生日に手編みのセーターをプレゼントしてくれました。料理も常にカロリーや栄養のバランスを考えて作ってくれました。子供たちが大好きなメニューは手作りハンバーグでした。メニューのマンネリ化を防ごうと工夫し、例えば鶏の唐揚げに、ネギを甘辛に炒めたものをトッピングしたりして、食卓はいつも華やかで温かみにあふれていました。

娘たちのことは、「健康で優しい人に育ってほしい」と言っていました。そして、娘たちが結婚する時に持たせるのだと言って、生まれた時から1年ごとのアルバムをコツコツと作っていました。私と妻は、「娘たちのウエディングドレスを見るのが楽しみだね」等と話していました。

また、妻は、エンディングノートを書いていました。若くして病気で亡くなる人もいるので、後に残された人が困らないように、と言っていました。人に対する気遣いができる妻らしい考え方だと思います。私は、妻がエンディングノートを書いていること自体は知っていましたが、何を書いているのかは知りませんでした。妻が亡くなってから読んでみました。そこには、「結婚してくれてありがとう」「子供を授けてくれてありがとう」等と書かれ、二人の娘につけた名前の由来も記されていました。私を愛してくれていたことがよく伝わる内容でした。「こんな言葉を残してくれてありがとう」という感謝の気持ちでいっぱいです。

4　娘たちのことについて

長女の美咲は、結婚して2年くらいして生まれました。美咲は、妻に似て人に対する思いやりがあり、常に人を気遣う娘で、怒ったところを見たことがありませんでした。私も妻も、「お姉ちゃんだから我慢しなさい」と言ったことはないのですが、妹の春花と喧嘩になっても、いつも自分が我慢していました。おもちゃも妹優先で、後から妹にやり返したりするようなことはありませんでした。本当は色々と言いたいことがあったのかもしれませんが、人に弱さを見せない芯の強さがありました。

大きくなったら、アイドルになりたいとか、ケーキ屋さんになりたいなど、女の子らしい夢を抱いていました。少女向けの学園ものアニメ「アイカツ」が大好きでした。運動が得意で、運動会ではかけっこもだいたい一番でしたし、一生懸命縄跳びの練習をして、クラスで1、2番を取るようになりました。亡くなる前は、バドミントンを始めていて、熊谷市が主催するバドミントン教室に通っていました。月2、3回の教室で、数カ月間でしたが、教室がある日をとても楽しみにしていました。しかし、最後の1回が事件のせいで行けなくなったことは、美咲の心残りだったと思います。

また、芸術系の大学で絵画を専攻していた妻に似たのか、絵も上手で、学校から出品するコンクールで何度か賞を取ったことがあります。美咲が歯磨きをしている絵だったり、夏休みに家族で出かけた祭りの絵だったと記憶しています。自宅では、妹の春花も一緒に、花や動物、母親である美和子の絵をよく描いていました。

美咲は、あちこち目移りせずに、一つのことをコツコツやるタイプでした。そのコツコツはいつか、名前の通り、美しい花を咲かせただろうと思います。美咲は小学校5年生で亡くなってしまいましたが、私は、どうしても小学校を卒業させてあげたくて、小学校の卒業式に出席し、卒業証書を授与してもらいました。生きていたら今、中学1年生です。今、私の中でとても大事な思い出になってしまったのですが、美咲は3年前、私の誕生日に手紙をくれて、「パパと結婚したい」と書いてありました。そのことを今でも思い出し、胸がしめつけられる思いです。

二女の春花は、美咲が生まれた3年後に生まれました。3月31日生まれなので、同級生の中では1年遅れのようなものですが、おとなしめの加藤家にあって、びっくりするようなやんちゃで元気な娘でした。初対面でも誰とでもすぐに仲良くなることができ、とても社交的でした。笑顔の絶えない娘で、人を笑わせることが上手で、いつもおちゃらけていました。その一方で、負けず嫌いで頑固で、私に対してムキになることも度々ありました。冗談で叩き合っても、最後に自分が叩くまで気が済まない娘でした。ゲームも自分が勝つまで終わりにしなかったです。

末っ子らしく甘えん坊で要領がよく、学校ではしっかり者で通っていたようですが、帰宅するといつも姉の美咲にくっついて遊んでいました。妻に似たのか世話好きなところがあって、そういうところに春花の思いやりを感じました。家の中では女の子らしく、妻と一緒に折り紙をしたり絵を描いたり、ビーズ遊びをしたりしていました。手先が器用なところも妻譲りだったと思います。将来の夢は、パン職人でした。

最後に家族で出かけたのは、事件の2、3週間前でした。秩父へ行き、鍾乳洞や博物館に行きました。まさか、それが最後のお出かけになるとは思ってもみませんでした。

2人の娘の名前は、妻がつけました。「美しく咲く春の花」ということで、長女が生まれる前から、もし女の子が2人生まれたら、美咲と春花にしたいと言っていました。寒い冬を乗り越えて力強く芽を出し、やがて美しく咲く花になる、辛く苦しい時も2人で助け合い、手を取り合えば春の花のように美しい人生になるという願いを込めて。美咲と春花はその願いにこたえ、本当に仲よく助け合って毎日を過ごしていました。その純真な2人の娘を、この被告人は自分の欲望のためだけに殺しました。しかし、美咲と春花の美しい魂は私の心の中に、この世の中に生き続けています。私は絶対に被告人を許すことはありません。

5　事件直後のこと

事件の日のことは、今でも忘れられません。平成27年9月16日午後6時半頃、私が仕事から帰ると、家から100メートルくらい離れたところに警察の黄色い規制線が張られていました。何が起きているのかよく分からず、集まっていたマスコミの人に尋ねると、「おばあちゃんが亡くなった」とのことでした。私が、「家に帰りたい」と言うと、警察の人が自宅の近くまで連れて行ってくれましたが、私の家が事件現場だと気づいたのか、警察官から「安否確認のため、熊谷警察署に行ってください」と告げられました。私は、何が起きているのか全く分からず、「安否確認って何?」と思いながら、とりあえず熊谷警察署に行きました。すると2階に連れていかれ、いきなり「3人とも心肺停止」と告げられました。

その時の私の心境は、なんと説明していいのか分かりません。「3人とも心肺停止」というあまりにも衝撃的な出来事を真正面から受け止めることができず、「亡くなったのかな?」とか「まだ生きている可能性もあるのかな?」とか「今日から俺一人なのかな」とか、色んなことがどこか他人事のように頭の中を駆け巡りました。そうするうちに、私や妻の家族が集まってきて、ニュースでこの事件が報道されていると聞いて、それで初めて私の家族が事件の被害に巻き込まれたのかなと思いました。

警察は、次々と私の日々の生活状況について質問してきました。私は気持ちが動転していたので、その時は問われるままに答えましたが、貯金の額まで聞かれて、今にしてみれば、なんでそんなくだらないことを聞くのだろう、という感じでした。

警察からは何度か「ご遺体の写真を見る心の準備が出来ましたか？」というようなことを聞かれました。私が写真を見たのは、日付が変わった深夜のことでした。3人の顔写真を見せられました。血の気がなくて青白い顔で、目をつむっていました。本当に亡くなったのかな、と思いましたが、まだ現実を受け入れられませんでした。

その後、司法解剖があって、ようやくご遺体と会えたのは、1週間くらいたってからのことでした。亡くなっていると分かっていましたが、その間、私は3人に会いたくてたまりませんでした。

深谷警察署で、3人が並んでいるところに案内されました。司法解剖されたばかりで、化粧などもされていませんでした。3人を見て、本当に動かない、会話が二度とできないのか、ということを痛感しました。3人とも洋服を着ていなかったので、私は妻の妹と一緒に3人の洋服を買いに行きました。いつも着ていたような、それぞれの好みに合っていそうなものを選びました。辛い買い物でした。

その後、2日くらいたって、お通夜と告別式を行いました。葬儀屋さんが、妻の遺体を棺に入れました。春花は、妻の兄が棺に入れました。葬儀屋さんから「美咲ちゃんはお父さんがどうぞ」と言われ、私が抱きかかえて棺に入れました。その時、美咲の重さを全身で受け止めながら、父親として抱っこしてあげられるのはこれが最後だと思うと、抱っこしたまま棺におろしたくない、このまま時間が止まってくれたら、という気持ちでいっぱいでした。

喪主は、一人残された私でした。私の仕事関係や近所の人たち、妻の友達、娘たちの小学校の子供たちもたくさん来てくれて、とても悲しんでいる様子でした。泣いている子供たちがたくさんいて、折り紙などを棺に入れてくれました。

私は、喪主としてこの葬儀をつつがなく終わらせなければならないと思い、そのことで精いっぱいで、具体的なことはあまり記憶がありません。

私の母は、嫁と孫を失ったショックだと思いますが、事件直後に倒れて入院し、葬儀にも参列できませんでした。今でも後遺症があります。私の両親にとっても、妻の両親にとっても、美咲と春花はたった2人の孫でした。今はもう孫はいなくなってしまいました。そして、妻の友達や娘たちの友達、学校関係者など、妻と娘を知る多くの人がみんな、悲しみに暮れました。今でもこの事件は、私たちのことを知る多くの人の心の傷になっているのです。

6　事件で変わってしまった私の生活

事件後は、実家で過ごし、自宅に戻るのに1年かかりました。事件の現場が自宅でしたので、事件直後は、捜査の関係で、しばらく自宅に入ることもできませんでした。警察から自宅に入っていいと言われた後も、現実逃避というか、そこに立ち寄ると色々なことを思い出して怖い、という気持ちがあり、なかなか家に戻れませんでした。家が家族の思い出そのものであり、そこに行くと自分が耐えられないように思いました。

事件前は、朝6時半頃起きて仕事に行き、夜帰るという生活だったのが、夜は眠れないので、朝も9時頃になってようやく起きられるという感じになりました。食事は妻に全面的に頼っていましたので、妻がいなくなってからは、朝食はお米だけ炊いて納豆で食べたり、レトルト食品で済ませるようになりました。昼食と夕食はほとんど外食になってしまいました。事件前は、タバコは1日10本程度でしたが、今は1箱半くらい吸ってしまいます。

事件から1年くらいは、毎日、死んで楽になりたいと思っていました。一度に妻子3人を亡くした気持ち、分かっていただけるでしょうか。

一番辛い時間帯は、夕方以降です。昼間は出かけたり何かの用事をしていますが、夜になって誰とも会話をしないので、ひどい孤独感にさいなまれます。辛くなってしまうので、家族のことは思い出さないようにしていますが、精神的に余裕がある日は、たまに写真を見たりもします。家族のことは本当は思い出したいです。いつもいつも考えていたいのです。でも、辛いから思い出さないようにしているという相反する気持ちの中で、私はもがき苦しんでいます。

事件の後から、仕事には行けていません。月に1回だけ出社して、会社の産業医と話をして、手続き関係のことを済ませるだけです。また、週1回、支援センターでカウンセリングを受けており、それは事件後からずっと、今も続いています。

7　いなくなってしまった妻子への思い

3人のうち、最初に妻が殺されたようです。妻は、きっと被告人と戦ったと思います。日頃から、痴漢にも立ち向かうタイプで、「男の人にも負けない」と言っていましたし、その場に娘たちがいたのであれば、必死で娘たちを守ろうとしたと思います。私は、妻が戦う姿を思い浮かべて辛くなります。その場に自分がいたら絶対に助けてあげられたのに、ということは常に思います。

また、幼い娘たちはどんなに辛かっただろうか、怖かっただろうかと思います。もしかして、2人一緒にいて、どちらかが殺されるのを見ていたかもしれません。その時、娘たちはきっと「パパ助けて」と叫んだと思います。恐怖で声にできなかったとしても、心の中で叫んだことでしょう。私がそこにいたら助けられたのに、という思いは今でも消えません。なぜ、私はそこにいなかったのでしょうか。美咲、春花、パパが助けてあげられなくてごめん。

娘たちが通っていた小学校は、私の母校でもありました。今でも校長先生が月命日に墓参りしてくれます。校長先生は、命日や運動会など、折に触れてこの事件のことを児童に話してくれているそうです。

支援センターの人たちの力を借りて、何度か亡くなった3人の遺品を整理しました。洋服やランドセルなどを見ると本当に辛いです。自分がおかしくなってしまうのが怖いので、あえてあまり入り込まないようにしている部分があります。

今、3人が生きていたら、ということをしょっちゅう考えます。今にして思えば、もっと家族に色々なことをしてあげられたのに、という後悔の気持ちしかありません。特に子供たちの将来は本当に楽しみにしていました。私が悪いわけではないのでしょうが、どうしてもそう考えてしまいます。

8　裁判が始まるまでの気持ち

事件から裁判が始まるまで、約2年半かかりました。私の頭の中にはずっと、なぜうちの3人だったのか、そしてなぜ殺されなければならなかったのか、という疑問が消えませんでした。それを被告人本人に直接聞きたいとずっと思い続けていました。

こんなに長い間、待たされたことについては怒りの気持ちしかありません。被告人は、精神障害があるのかどうかわかりませんが、私の自宅2階から転落した後、無料で手厚い治療を受け、精神鑑定を何度も受け、警察、検察、裁判所などの国家機関の人たちがたくさん彼の権利のために働いています。被告人が結婚したペルー人の女性は、被告人とは恋愛関係になく、被告人にお金を払って来日したそうですが、何やら胡散臭い話です。仕事は続かず、昼間は寝ていて夜に起きてゲームをするような生活を続け、あげくの果てにはみんな6名も殺しました。そのような外国人でありながら、日本の税金をたくさん遣ってみんなで大事に保護していると感じます。一方私は、真面目に生活してきた日本人です。この国が私に何かしてくれたでしょうか。誰のための裁判なのか、疑問です。守られるべきは被害者ではないでしょうか。私の意向は何も聞かれることなく、被告人の都合だけで2年半も待たされました。

9　裁判が始まって

裁判が始まって、初めて直接被告人を見ました。被告人を見た時、今にでも飛びかかって殺してやりたい気持ちにかられました。被告人の態度は、反省どころか、最低限の礼儀を尽くすとかそういうレベルにもないことに、怒りの気持ちでいっぱいです。自分ではなぜ裁判にかけられているか分かっているはずですが、自分のしたことが悪かったという態度は微塵もありません。

たくさんの証人が出てきて、事件のことが明らかになりました。聞けば聞くほど、被告人は普通に生活していて、どこもおかしくないことが分かりました。実際、事件が起きた直後、警察から聞いた話ですが、警察が私の娘たちの話を被告人に尋ねたら頭を抱えていた、ということでした。彼はちゃんと自分のやったことを認識していたはずです。精神鑑定などにこんなに時間をかけずに、事件後すぐに裁判をしていたら、もっと真実に近づけたと思います。長期間、身柄拘束すれば誰でも頭はおかしくなるのではないでしょうか。それに、事件から2年半もたてば、普通の人でも記憶は曖昧になるでしょう。確かに被告人は今、精神状態は悪くなっているように思います。なぜこんな風になるまで長引かせたのか、私は納得がいきません。

弁護人、検察官、裁判体（裁判官と裁判員の合議体）が被告人質問をして、その中で被告人は「6人殺しました」と言いました。私は、こいつは事件を知っている、と思いました。間で変なことも言っていますが、私は「分かっているな」と直感しました。

私も被告人質問をしました。私は、なぜうちの3人だったのか、そしてなぜ殺されなければならなかったのか、ということをどうしても被告人に直接聞きたかったからです。ただ、2年半待ち続けて、たったの30分しか質問できないことは、無念でした。被害者自らの質問で、30分という長さは異例だそうですが、私にとっては短すぎました。そして、被告人は、私の質問を全てはぐらかしました。「やってない」というならまだしも、質問に正面から答えなかったことに強い怒りを覚えました。被告人には、この後、最後に自分の意見を述べる機会が残されています。私のこの意見陳述を聞いて、真意を話す機会があるということです。最後に必ず、私の質問に答えてほしいと思います。

被告人質問の後、悔しくて腹が立ってどうしようもなかったです。被告人が質問に答えず、はぐらかしてばかりだったからです。被告人は至近距離にいましたから、飛びかかって殺してやりたいとずっと思っていました。その日の夜は、怒りと興奮でさらに眠れないだろうと思っていましたが、自分で思っている以上に全身が疲労していたようで、いつもより早く眠りました。いえ、眠ったというより、倒れてそのまま起き上がれないような疲労感でした。

10　この事件について思うこと

この事件で悪いのは被告人であることは、よくわかっています。ですが、事件の日、妻が外出していたら、とか、娘たちが友達の家に遅い時間までいたら、とか、私が会社を早退していたら、など、「こうしていたら事件にはならなかった」ということを色々と想像してしまいます。しかし、裁判を通じて感じたのは、被告人が最初に警察に行きたいと言っていて、実際に警察に行ったのだから、あそこで取り逃がしていなかったら、6人の命は奪われなかっただろうということで、その気持ちが一番強いです。そして、取り逃がした後も、不審な外国人についての通報が続いたのに、なぜ地域住民に広報を徹底しなかったのか。その点についての疑問が私の中から消えることはありません。

11　終わりに

妻の人生、娘の人生はなんだったのでしょうか。被告人のような人間に殺されるような何かをしたのでしょうか。正直なところ、私は悲しみや怒りの気持ちを自分自身で抱えきれずに苦しんでいます。この裁判の結果は、私の今後の人生にとても強く影響します。被告人の刑を決める皆さん、自分の家族が全員殺され、ある日一人になったら、どう思いますか。犯人が精神障害だったから、それは災難でしたね、ということで諦めるのでしょうか。そういう視点で、自分のこととして考えていただきたいです。

以上

×　×　×　×　×

たった3回の審理で死刑判決を破棄

第1審は、死刑判決が下されました。丁寧に事実認定を行ったうえで「家人殺害の実行を含めて病気の影響はほとんどみられず、合目的的で全体としてまとまりのある行動をとっている」として、完全な責任能力を認めたのです。加藤さんは判決後、少しホッとした表情を見せ、「これで妻と娘たちにやっと報告できる」と語りました。

被告人側は控訴しました。死刑判決の場合、弁護人は本人の意思に関わらず必ず控訴するので、それは予想されたことでした。しかし、第1審判決は、慎重かつ緻密な事実認定を行ったうえで、責任能力を認めていたので、控訴審でも翻ることはないだろうと考えていました。

東京高等裁判所で行われた控訴審は、バイロンに訴訟能力があるかが争点でした。事件後、長い期間身柄拘束が続いていることによる拘禁反応もあり、バイロンの精神状態は徐々に悪化している可能性があったからです。そのため、訴訟能力に関することしかバイロンに質問できず、審理はたったの3回、合計数時間で終わりました。バイロンは、第1審では車椅子だったのが、控訴審では自分で歩いており、以前よりむしろ元気になっているように見えました。

しかし、控訴審判決は原審を破棄し、「無期懲役」という予想外のものでした。バイロンは心神耗弱であり、責任能力は完全ではなかったというのです。しかし、控訴審判決が「心神耗弱」と判断した理由は、バイロンには「ヤクザに追われている」という妄想があり、殺害した3件の被害者宅への侵入は「妄想上の追跡者から逃れる目的」などとし、加藤さんの長女に対する性的行為は、追跡者から危害を加えられるという被害妄想とは全く結びつかないのに、その点については全く触れないなど、どれも納得できるものではありませんでした。第1審が認定した事実関係自体はそのままに、控訴審が法的評価を変更しただけのものでした。

加藤さんも、被害者参加弁護士も、東京高検の検察官も唖然としました。バイロンの弁護人ですら、そんな判決は予想していなかったかもしれません。加藤さんは、「裁判官が単に死刑にしたくなかっただけと感じた」と憤りを隠せない様子でした。

東京高検が、刑事訴訟法上の上告理由がないという理由で上告を断念したため、バイロンは死刑を免れることになりました。何の関係もない善良な市民、しかもお年寄りや女性、子どもばかり6人も殺しておいて「無期懲役」という悪しき前例を、たった3人の裁判官が数時間の審理だけで作ってしまったのです。

確定したらやり直す手段はない

バイロンは東京拘置所で、職員に対し「なんとか無期懲役にならないのか」と尋ねていたそうです。望み通り無期懲役となり、東京拘置所で今ごろ高笑いしているでしょうか。日本国民の税金で衣食住を保障され、病気になれば税金で医師から診察をしてもらい、税金で弁護士もつけてもらえます。加藤さんが納めた税金でバイロンを養っているも同然です。

しかし、バイロン自身には全く賠償能力がないので、遺族に金銭賠償をすることはありません。加藤さんは、衣食住に係るお金は自分で払い、弁護士費用も自分で負担します。この裁判のために必要だった刑事事件の記録のコピー代数十万円すら、自分で負担しなければなりませんでした。

加藤さんが、その理不尽に耐えたのも、亡くなった美和子さん、美咲さん、春花さんのために、絶対にバイロンを死刑にしたいという一心からです。バイロンが死刑になれば、最低限、亡くなった3人に顔向けできると考えたからです。

加藤さんは控訴審を「誤審である」と主張しています。しかし現行法では、これをやり直す手段はありません。この件は、上告を諦めた検察にも問題があります。刑事訴訟法上の上告理由がない場合でも、重大な事実誤認がある場合、最高裁判所は控訴審判決を破棄することができるのです。控訴審判決が最高裁によって破棄される可能性も十分にあったのに、それすらしませんでした。仮に最高裁が破棄しなかったとしても、加害者を許さない、ご遺族の無念を代弁するという検察庁のあるべき態度すら示さなかったことは、組織の限界を感じさせるものでした。命を大事に、残された遺族を大事にするため、控訴審でも裁判員裁判にすること、遺族にも上告する権利を与えることなど、様々な法律や制度を変える必要があります。

あとがき

川上賢正

実は、私はもともと死刑反対派でした。その昔、私には新左翼活動にかぶれ、ヘルメットをかぶり国家権力と戦うことを生きがいとしてきた時期がありました。そのころの私にとって、死刑制度は「国家による殺人」以外のなにものでもありませんでした。弁護士になってからも、「死刑制度は国家による最も残虐な処罰だ」という感覚があり、当然のように反対してきました。

しかし、殺人事件の犯罪被害者とかかわり、彼らの切なる気持ち、悲痛な思いを聞くにつれて、その考えは徐々に変わっていったのです。

ある日、警察から呼び出されて家族のご遺体に接する。そして、警察は殺人事件だと説明をする。そして加害者の存在を知る――。

こんな絶望的な状況のなかで、被害者が加害者に対して死刑を望むのは自然なことだという思いに至り、死刑制度の維持が必要だと考えるようになりました。そこで私は死刑廃止論を捨てたのです。

そして、被害者支援活動を通じて、今回出版に関わった「VSフォーラム」の仲間たちと知り合うようになりました。VSフォーラムは、殺人事件のほか、さまざまな刑事事件が起こるなか、犯罪被害者の声を聞き、その叫びを代理人として裁判所に伝えたり、社会、マスコミに訴えたり、国政に被害者のための施策を反映させせんとしてきた弁護士たちの集まりです。

ここでは、そんな仲間たちを紹介したいと思います。

まず、共同代表の山田廣弁護士は札幌を拠点に活動をする尊敬できる先輩です。彼がかかわった事件には、2014年に起きた小樽ドリームビーチ飲酒ひき逃げ事件（3人が死亡、1人が重傷）など凶悪な危険運転致死傷事件があります。この事件では、当初は過失事件として起訴されたところ、被害者遺族や支援者らとともに危険運転致死傷罪に相当すると検察庁に働きかけ、ついに同罪に訴因変更させ、有罪に持っていきました。

杉本吉史弁護士も同じくVSフォーラムの共同代表です。クールで、わがVSフォーラムの良心といわれています。かかわった主な事件は本書でも取りあげましたが、心斎橋通り魔殺人事件での被害者参加弁護活動や軽井沢スキーバス転落事件です。

髙橋正人弁護士も忘れてはいけません。彼は、被害者支援活動のスペシャリストで、元・あすの会の副代表幹事として被害者参加制度や損害賠償命令制度の創設、公訴時効廃止に直接かかわってきました。熊谷連続殺人事件や軽井沢スキーバス転落事件、東池袋暴走母子死亡事件の被害者代理人も務めています。

宇田幸生弁護士は名古屋を拠点に活動しています。彼の甘い声は魅力の一つで、名古屋のラジオ局で番組を持っていると聞いています。かかわった主な事件は、本書でも取りあげた名古屋の闇サイト殺人事件の被害者支援です。

山崎勇人弁護士はまじめで理路整然と仕事をこなす一方で、被害者支援のあり方を最優先に考えて活動する熱血漢です。焼肉酒家えびす集団食中毒事件、軽井沢スキーバス転落事件にかかわり、VSフォーラムの将来のホープといえます。

大澤寿道弁護士は焼肉酒家えびす集団食中毒事件、殺人事件、性犯罪事件、交通事故事件など多岐にわたる被害者支援にかかわっています。仕事熱心なあまりに事務所に連日寝泊まりして、家に帰れないことが多いと聞いています。

上谷さくら弁護士は毎日新聞の元記者です。そのためか、VSフォーラムでは最も発信力があります。担当している事件も多く、焼肉酒家えびす集団食中毒事件、熊谷連続殺人事件、軽井沢スキーバス転落事件、東池袋暴走母子死亡事件などの支援を行っています。現在、性犯罪に関する刑事法検討会のメンバーでもあります。

川本瑞紀弁護士は、元・あすの会にかかわった経験を持っており、遺族会員の慟哭を間近で見てきました。また、その後は性犯罪の被害者支援を中心に10年以上活動をしています。被害者の心の傷が回復することを一番に願って仕事をしています。

田島寛之弁護士は被害者支援を志して弁護士になった熱いハートの持ち主です。性格は温厚で、フットワークが軽いのも彼の魅力です。かかわった事件には焼肉酒家えびす集団食中毒事件があります。

松坂大輔弁護士は執筆者の中では若手ですが、神奈川で活動する新進気鋭です。2016年7月に起きた相模原障害者施設殺傷事件で被害者参加弁護士としてかかわっていました。被告人に死刑判決が出たのは記憶に新しいでしょう。

最後に、塩﨑由紀子弁護士を紹介します。彼女は元検事で、当時から被害者支援に関心を持っていました。その後、愛媛で弁護士として活動するようになってからは、ヤメ検の視点から被害者の疑問の解消などに努めています。

このようなメンバーのほか、被害者支援をライフワークとする弁護士たちがVSフォーラムには集結しています。その活動内容は、VSフォーラムのホームページをご覧いただければと思います。
さて、我々はこれまでさまざまな議論を尽くして、日本において死刑制度は存置しなければならないという結論に至りました。本書はその総括を、弁護士としては異例の「死刑賛成本」として形にしたものです。我々の考えに賛同していただいた文春新書編集部にはお礼を申し上げます。

最後に、被害者遺族として出版に協力していただいた磯谷富美子さん、南野有紀さん、加藤さんにおかれましては心から感謝申し上げます。被害者遺族の心の叫びは、なによりもこの本を読んで下さる方々の心に刺さると思います。私たちVSフォーラムのメンバーも手記を読んで、今後も被害者の声に寄り添っていこうと再確認しました。

2020年6月

大澤寿道（おおさわ　としみち）

犯罪被害者支援弁護士フォーラム会員。東京都生まれ。早稲田大学法学部卒。2005年第一東京弁護士会登録。日弁連犯罪被害者支援委員会幹事、第一東京弁護士会犯罪被害者に関する委員会委員長、東京三弁護士会犯罪被害者支援に関する協議会議長。

上谷さくら（かみたに　さくら）

犯罪被害者支援弁護士フォーラム事務次長。福岡県生まれ。青山学院大学法学部卒。毎日新聞記者を経て、2007年第一東京弁護士会登録。第一東京弁護士会犯罪被害者に関する委員会委員、元青山学院大学法科大学院実務家教員、性犯罪に関する刑事法検討会委員。保護司。共著に『おとめ六法』など。

川本瑞紀（かわもと　みずき）

犯罪被害者支援弁護士フォーラム会員。愛知県生まれ。早稲田大学法学部卒。2008年第一東京弁護士会登録。第一東京弁護士会犯罪被害者に関する委員会委員、性暴力救援センター・東京（SARC東京）理事。一般社団法人Spring法律家チームの一員でもある。

田島寛之（たじま　ひろゆき）

犯罪被害者支援弁護士フォーラム会員。奈良県生まれ。早稲田大学政治経済学部卒、立教大学法科大学院修了。2009年第一東京弁護士会登録。第一東京弁護士会犯罪被害者に関する委員会委員。

松坂大輔（まつざか　だいすけ）

犯罪被害者支援弁護士フォーラム会員。神奈川県生まれ。中央大学法学部卒、東洋大学法科大学院修了。2009年横浜弁護士会（現・神奈川県弁護士会）登録。神奈川県弁護士会犯罪被害者支援委員会委員。

塩崎由紀子（しおざき　ゆきこ）

犯罪被害者支援弁護士フォーラム会員。群馬県生まれ。明治大学法学部卒、慶應義塾大学大学院法務研究科修了。2010年検察官任官、2013年愛媛弁護士会登録。愛媛弁護士会・四国弁護士連合会犯罪被害者支援委員会委員。

執筆者紹介

山田廣（やまだ　ひろし）

犯罪被害者支援弁護士フォーラム共同代表。北海道生まれ。北海道大学法学部卒。1981 年検察官任官、1985 年札幌弁護士会登録。札幌弁護士会元副会長、日弁連犯罪被害者支援委員会委員、北海道弁護士会連合会犯罪被害者支援委員会委員長など。

杉本吉史（すぎもと　よしのぶ）

犯罪被害者支援弁護士フォーラム共同代表。大阪府生まれ。京都大学法学部卒。1987 年大阪弁護士会登録。大阪弁護士会犯罪被害者支援委員会委員、大阪被害者支援アドボカシーセンター理事。

川上賢正（かわかみ　けんせい）

犯罪被害者支援弁護士フォーラム副代表。福井県生まれ。神戸大学法学部卒。1988 年福井弁護士会登録。福井弁護士会犯罪被害者支援委員会委員（前委員長）、公益社団法人福井被害者支援センター副理事長、公益社団法人全国被害者支援ネットワーク理事、福井弁護士会元会長。

髙橋正人（たかはし　まさと）

犯罪被害者支援弁護士フォーラム代表代行兼事務局長。東京都生まれ。東北大学理学部卒。1999 年第二東京弁護士会登録。元・全国犯罪被害者の会（あすの会、2018 年解散）顧問弁護団に入団し、元副代表幹事として被害者参加制度や損害賠償命令制度、公訴時効の廃止など被害者の権利実現のための各種制度の創設に貢献した。元日弁連犯罪被害者支援委員会幹事。

宇田幸生（うだ　こうせい）

犯罪被害者支援弁護士フォーラム会員。愛知県生まれ。関西大学法学部卒。1999 年名古屋弁護士会（現・愛知県弁護士会）登録。愛知県弁護士会犯罪被害者支援委員会元委員長、公益社団法人被害者サポートセンターあいち理事。

山崎勇人（やまざき　はやと）

犯罪被害者支援弁護士フォーラム事務次長。神奈川県生まれ。早稲田大学法学部卒。2005 年第一東京弁護士会登録。日弁連犯罪被害者支援委員会事務局次長、第一東京弁護士会犯罪被害者に関する委員会副委員長、公益財団法人日弁連交通事故相談センター東京支部副委員長。

犯罪被害者支援弁護士フォーラム
（はんざいひがいしゃしえんべんごしふぉーらむ）

2010年結成（略称・VSフォーラム）。犯罪被害者の被害の実情を踏まえた活動を基本に据え、被害者の権利の拡充、被害者のための制度の実践、研究、改善策の提言などを目的として集まった弁護士の有志団体。また、日本弁護士連合会の「死刑廃止」の立場に異議を唱えてきた。会員21名。

文春新書

1274

死《し》刑《けい》賛成《さんせい》弁《べん》護《ご》士《し》

2020年7月20日　第1刷発行

著　者　犯罪被害者支援弁護士フォーラム
発行者　大 松 芳 男
発行所　株式会社　文 藝 春 秋

〒102-8008　東京都千代田区紀尾井町3-23
電話（03）3265-1211（代表）

印刷所　理　想　社
付物印刷　大 日 本 印 刷
製本所　大 口 製 本

定価はカバーに表示してあります。
万一、落丁・乱丁の場合は小社製作部宛お送り下さい。
送料小社負担でお取替え致します。

ISBN978-4-16-661274-1